古人教我如何保命

极简史 著

文汇出版社

新经典文化股份有限公司
www.readinglife.com
出 品

人物简介

普普猩

极简史首席好奇官。对未知的世界抱有极强的好奇心和探索欲。泪点低爱幻想，状况百出，共情能力顶呱呱的大探索家。

机器人

极简史高能科普官。上知天文地理，下通鸡毛蒜皮，贯穿古今，博闻广识。冷静严谨，无所不知，有问必答的靠谱专家。

目录

第一辑

残酷生死

古人为什么非得卖身才能葬父？
— 3 —

古人战死沙场谁来收尸？
— 13 —

古代活人祭祀是怎么消失的？
— 21 —

古代被浸猪笼的是何许人也？
— 31 —

古代刑讯逼供能加速破案吗？
— 39 —

咬舌真的能自尽吗？
— 49 —

免死金牌真的能免死吗？
— 61 —

可惜古人不知道：

鬼压床是怎么回事？
— 73 —

第二辑

生活妙招

没有衣兜，古人随身物品放哪儿？
— 83 —

没有线上支付，古人花银子怎么找零？
— 87 —

没有国骂，古人怎么吵架？
— 93 —

没有眼镜，古人近视了怎么办？
— 101 —

没有空调，古人夏天怎么消暑？
— 107 —

可惜古人不知道：

手插米缸为什么让人上瘾？
— 121 —

第三辑

极限职业

古代店小二的技能点有哪些?
— 131 —

古代赘婿婚后的待遇
— 143 —

古代青楼女子为什么不逃跑?
— 151 —

古代缝尸官算高薪职业吗?
— 163 —

古代刽子手的职业素养
— 171 —

可惜古人不知道:

周日晚上为什么总睡不着?
— 187 —

第四辑

吃喝玩乐

古人放假调休吗?
— 197 —

古人买房难吗?
— 205 —

古人减肥有多努力?
— 215 —

古人追星也疯狂
— 223 —

古人也讲脱口秀
— 233 —

古人养猫二三事
— 239 —

可惜古人不知道:

钱能止痛,是真的
— 253 —

第一辑
残酷生死

老倒霉蛋们的生存大闯关

古人为什么非得卖身才能葬父？

董永

卖身葬父

好可怜！

古人为什么非得卖身来葬父啊，不能直接找一块地埋掉吗？

他没有自己的土地。

土地都是我的！

找座荒山埋掉呢？

不行哦。没有明确归属权的土地都属于皇帝，私自开垦可能会坐牢。

为什么古人为了埋葬亲人，愿意卖身呢？

朱元璋规定了平民丧葬的规格。丧葬要置办的东西，对平民百姓来说是一笔不小的开销。

平民丧葬规格

朱元璋

要准备平民袭衣一套，上衣下裳相连缀的衣服一件，用素或练制成的礼服带一条，鞋一双，裙裤衫袜随意穿。

要准备长五尺的红绢，写上死者官衔和姓名竖在灵柩前。三尺白布用以迎神。

一般的棉布每匹约一百五十文铜钱。

死者口中的饭用粱，含物用钱三枚。一石米的价格是半两银子左右。

这些多少钱？

这米怎么卖？

总共三十文。

一石半两。

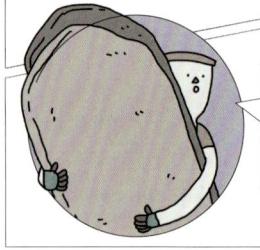

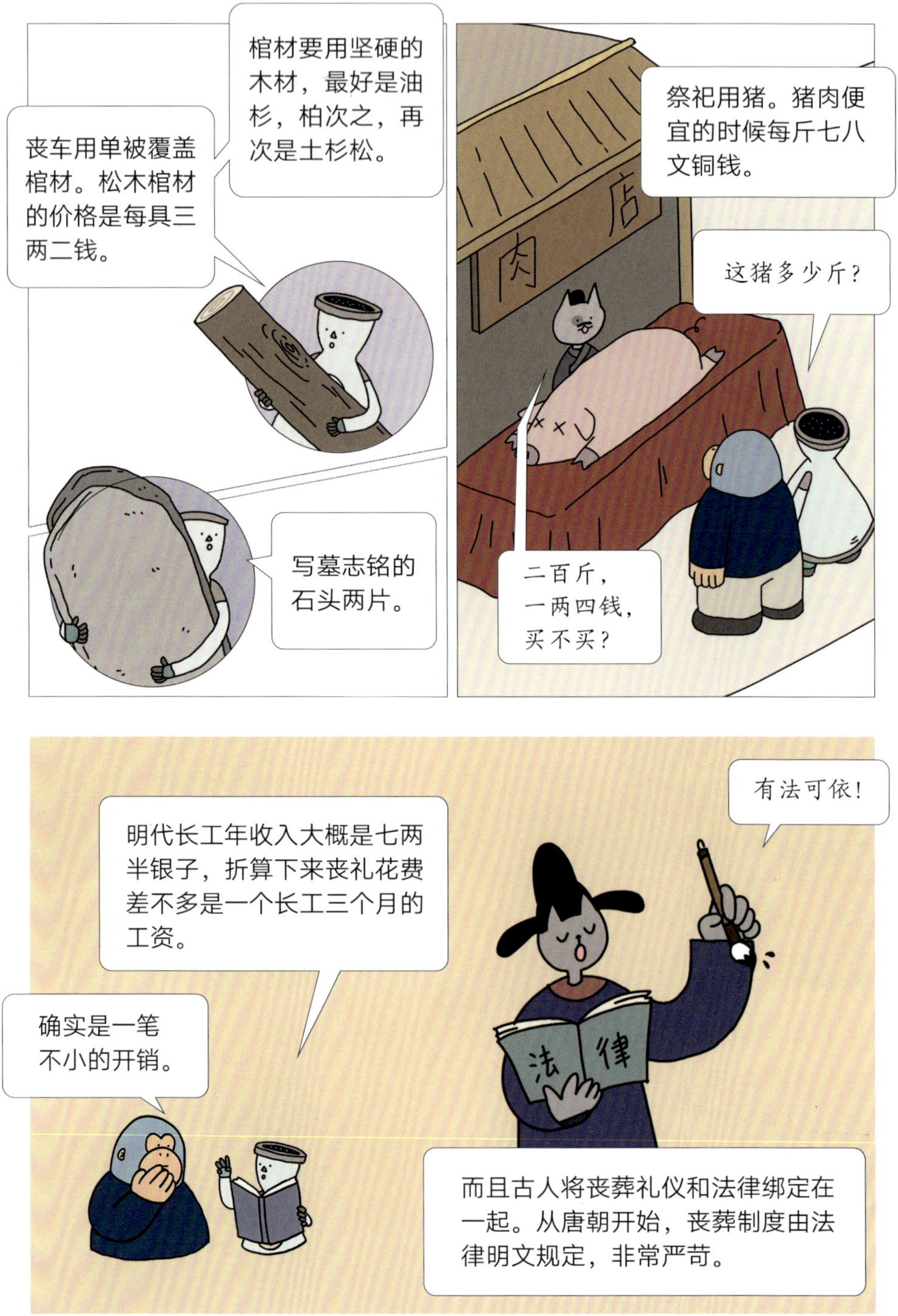

> 棺材要用坚硬的木材，最好是油杉，柏次之，再次是土杉松。

> 丧车用单被覆盖棺材。松木棺材的价格是每具三两二钱。

> 写墓志铭的石头两片。

> 祭祀用猪。猪肉便宜的时候每斤七八文铜钱。

> 这猪多少斤？

> 二百斤，一两四钱，买不买？

> 明代长工年收入大概是七两半银子，折算下来丧礼花费差不多是一个长工三个月的工资。

> 确实是一笔不小的开销。

> 有法可依！

> 而且古人将丧葬礼仪和法律绑定在一起。从唐朝开始，丧葬制度由法律明文规定，非常严苛。

唐律规定，孩子为父母、长孙为祖父母守孝三年，其间不得嫁娶或游乐。

丧期内怀胎生子，判处徒刑一年。

父母丧期间，兄弟分户或分财产，均处徒刑一年。

这么着急分家？判刑！

五服以内亲属死亡，必须立即披麻戴孝，高声号哭，否则有被流放的风险。

你为什么被流放啊？

我七堂叔死了，葬礼上我没哭出来。

哪些亲戚算五服?

就是跟我们有血缘的全部人。

五服就是你自己、你的爸爸、爷爷、爷爷的爸爸、爷爷的爷爷，亲缘关系在这五代以内的亲戚。

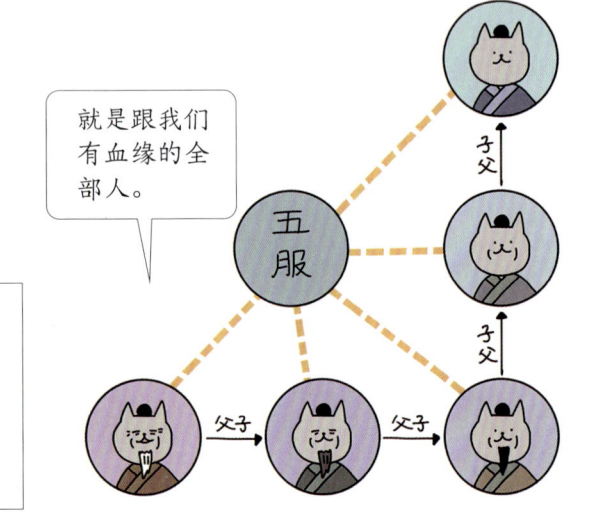

而且，丧葬还和落户绑定在一起。

在外奔波的人，如果无儿无女又父母双亡，且没有能力返乡，就会成为黑户。

没钱返乡，要成黑户了……

成为黑户会怎样?

一个黑户是没有土地的。

官方文书

不仅如此，外出也没法住店。

古人很重视人口流动，离乡百里以上需要官方发的文书才能住店。

黑户也不能参加科举。
不行，没有户口就没有考试资格。
考场入口

那卖身就能保留户籍吗？
卖身的人仍然没有独立户籍，只是列在主人户下。

卖身的人，其实也是走投无路了。
而从道德方面考量，丧礼是古代礼仪中非常重要的一种，流程十分繁琐。

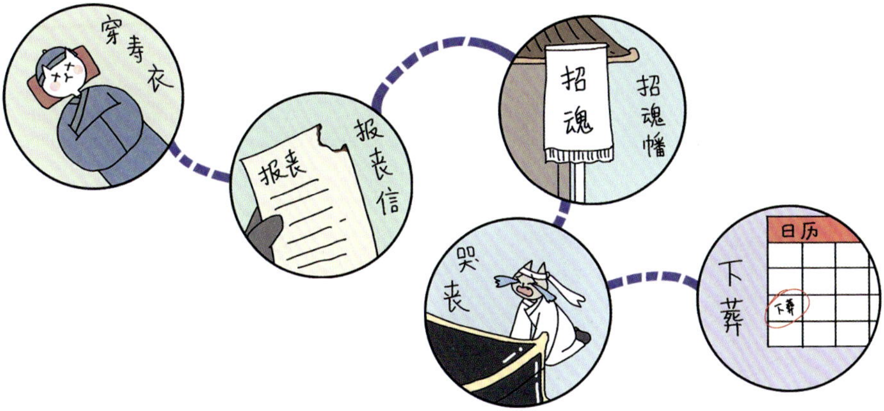
穿寿衣
报丧
报丧信
招魂
招魂幡
哭丧
日历
下葬
下葬

古人认为,死去的人如果不好好安葬,会变成孤魂野鬼。

幸福的鬼都是相似的,不幸的鬼各有各的不幸。

很多皇帝从登基就开始建造自己的陵墓。

比如秦始皇,刚即位就在骊山修建陵墓。

秦始皇

To Do List:
1. 修建陵墓
2. 统一度量衡
3. 统一货币
4. 统一文字
5. 车同轨

为了修这个陵墓,他在全国征召七十多万人。

征召告示

这上面说啥?

好像是招人打工。

修墓地要这么多人?

和普通百姓的坟墓不一样,秦始皇陵墓的设计很复杂。

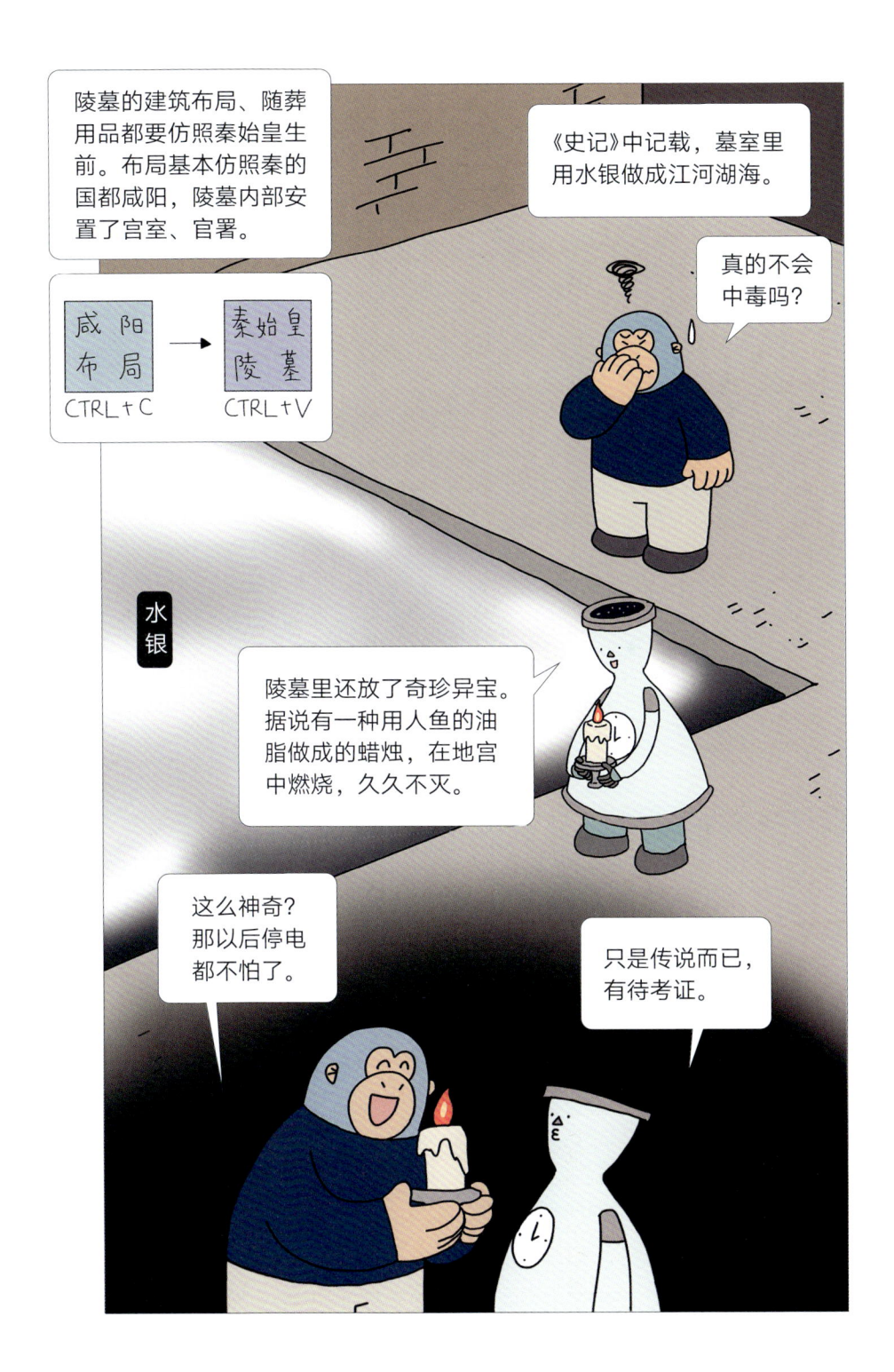

陵墓的建筑布局、随葬用品都要仿照秦始皇生前。布局基本仿照秦的国都咸阳，陵墓内部安置了宫室、官署。

《史记》中记载，墓室里用水银做成江河湖海。

咸阳布局 CTRL+C → 秦始皇陵墓 CTRL+V

真的不会中毒吗？

水银

陵墓里还放了奇珍异宝。据说有一种用人鱼的油脂做成的蜡烛，在地宫中燃烧，久久不灭。

这么神奇？那以后停电都不怕了。

只是传说而已，有待考证。

古人战死沙场谁来收尸？

凭君莫话封侯事，一将功成万骨枯。

如果战胜方打扫战场，他们会把战友的尸身整齐排好，军官还有可能获得独立墓坑。

好残酷……古代打仗死了那么多人，他们在哪里安葬？

大多数普通士兵没有条件回乡安葬，只能就地处理。

XX军官

对战败方的尸体则有可能放任不管，但为了防止疫病，通常还是会就地掩埋。

太麻烦了，就埋在原地吧。

"马革裹尸"操作起来费时、费力又费马，是名将才有的待遇。

好重，我们已经掉队了！

如果皇帝在征途中驾崩就更麻烦了。

只有死人才能守住秘密。

明成祖朱棣在北伐回朝的途中病死。杨荣等大臣秘不发丧，用锡器打造了一副密封的棺材，收殓朱棣，放在御用车辇上，每天照常上膳，这才稳定军心，顺利回京。

讲不讲道理啊！

好惊险。

还有更夸张的。

这不就是木乃伊嘛！

辽太宗耶律德光南征不得，在撤离途中染病去世。当时天气炎热，御厨为了防止尸首腐烂，只得将其内脏掏空，全身抹上盐。

最惨的还是战败后被坑杀的降兵。

长平之战的遗址永录尸骨坑里发掘出了130多具遗骸，其中60具头身分离，14具头骨受损，为死后被埋；只有1具头骨没有受伤，有可能是被活埋的。

"坑杀"就是活埋吧？

不对，"坑杀"的意思是杀死敌人，把尸体堆起来。

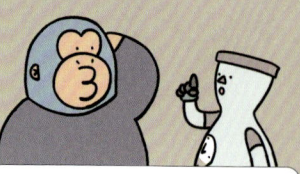

据《史记》记载，在战国时期的长平之战中，秦军对投降被俘的赵军进行了坑杀。

为什么不火葬，防止疫病？

听说古代用敌军的尸体当军功证明？

火葬是少数民族的风俗，与坚持"入土为安"的中原文化相悖，所以不常用。

《战国策》记载，秦军以人头数量记战功，但人头难以携带，审查麻烦，所以后来也用耳朵记军功。

最惨绝人寰的处理方法是用敌军的尸体筑造京观。"京观"又叫"武军""人骨塔"，是由人的尸体或头颅堆积而成的小山，表面用土覆盖、夯实，外形似塔。

京观能彰显武力，威慑敌人，在历史上并不少见。

王莽镇压翟义起义，俘杀十万人，在濮阳等五地筑京观。

皇甫嵩在曲阳镇压黄巾起义，诛杀张角之弟张梁，俘杀十万人，筑京观。

司马懿平定辽东叛乱，斩杀公孙渊父子，屠杀襄平百姓七千余人，筑京观。

也有不少人反对筑京观。唐太宗曾拆毁高句丽用隋军的尸骨筑成的京观，并收殓遗骨。

《左传·宣公十二年》记载，楚庄王的军队战胜了强大的晋军，但他拒绝筑造京观。

大王，为了庆祝这次胜利，咱们用晋军的尸体造个京观吧，让后世不忘您的武功！

止戈为武。

楚庄王

啥意思?

晋国士兵执行军令为国尽忠而死,他们没有错。

所谓武功,是废除残暴、消灭战争、保障发展、巩固基业、安定百姓、调和各国、丰富财物,我一样都没做到,有什么可显摆的?

无论输赢,战争都是很残酷的。

不迷信暴力才是正道的光!

古代活人祭祀是怎么消失的？

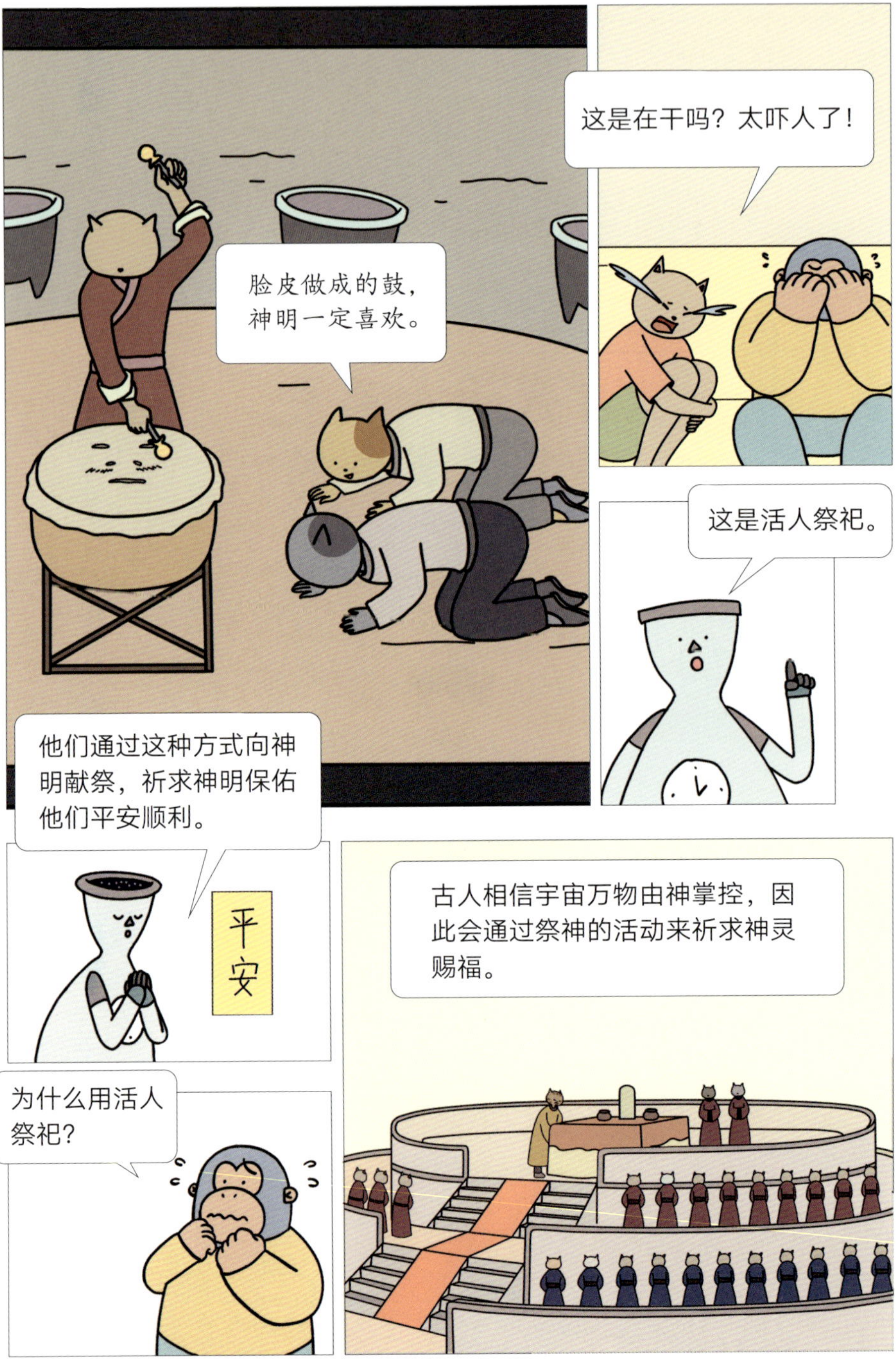
这是在干吗？太吓人了！
脸皮做成的鼓，
神明一定喜欢。
这是活人祭祀。
他们通过这种方式向神明献祭，祈求神明保佑他们平安顺利。
平安
古人相信宇宙万物由神掌控，因此会通过祭神的活动来祈求神灵赐福。
为什么用活人祭祀？

祭神时,他们会拿出贵重物品作为供物,甚至用人的生命做供品。

这也太残忍了吧!

为了达到目的,古人还有更多更残忍的祭祀方法。

周代人祈求神明降雨,会将巫女和尪(wāng)人绑在木架上焚烧祭天,叫"焚巫尪"。

在干旱发生时，他们认定是巫女从中作祟阻止降雨。

而尪人是脸面朝天，鸡胸驼背的残疾人。

人们认为尪人终日脸面朝天，在遇到下雨天的时候有鼻子进水的危险。

而上天怜悯这群可怜人，所以就不再降雨。

这也太愚昧了！

淹死女人求河神保佑也很愚昧。

《史记·滑稽列传》的"西门豹治邺"一篇中记载了用漂亮女子祭祀河神的故事。

巫女会从小户人家中挑选漂亮女子，送给"河伯"做媳妇。

将被选中的女子安置在河边房子里，好酒好肉招待。

十几天后，女子会坐在出嫁用的床铺枕席上，送到河中，最后会沉入河里。

没有人阻止这么残忍的事吗？

古人深信神明，秦灵公为了对抗魏国，甚至将公主送给了"河伯"。

——他们对神明的崇拜也太疯狂了！

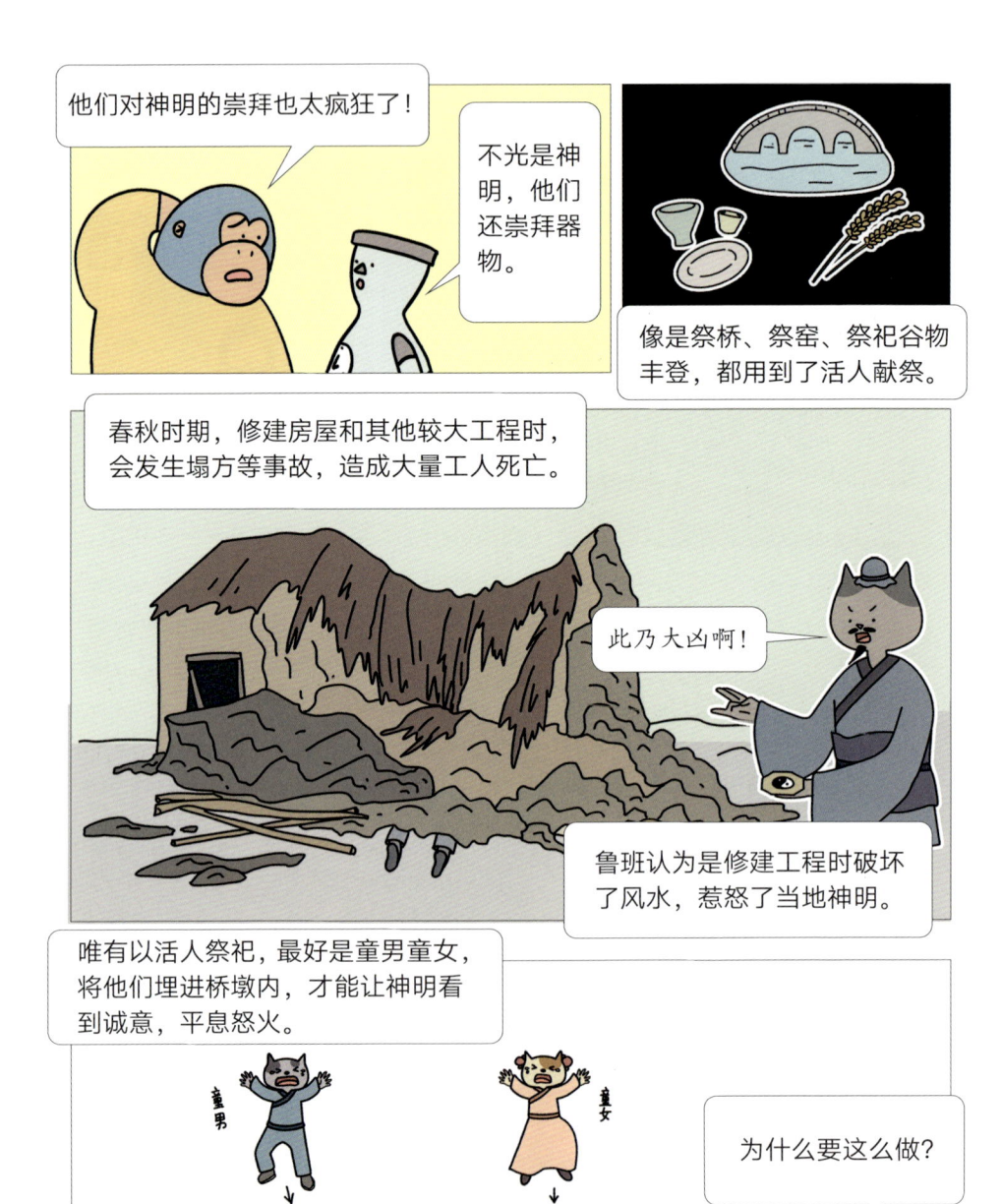

——不光是神明，他们还崇拜器物。

像是祭桥、祭窑、祭祀谷物丰登，都用到了活人献祭。

春秋时期，修建房屋和其他较大工程时，会发生塌方等事故，造成大量工人死亡。

——此乃大凶啊！

鲁班认为是修建工程时破坏了风水，惹怒了当地神明。

唯有以活人祭祀，最好是童男童女，将他们埋进桥墩内，才能让神明看到诚意，平息怒火。

童男　童女

——为什么要这么做？

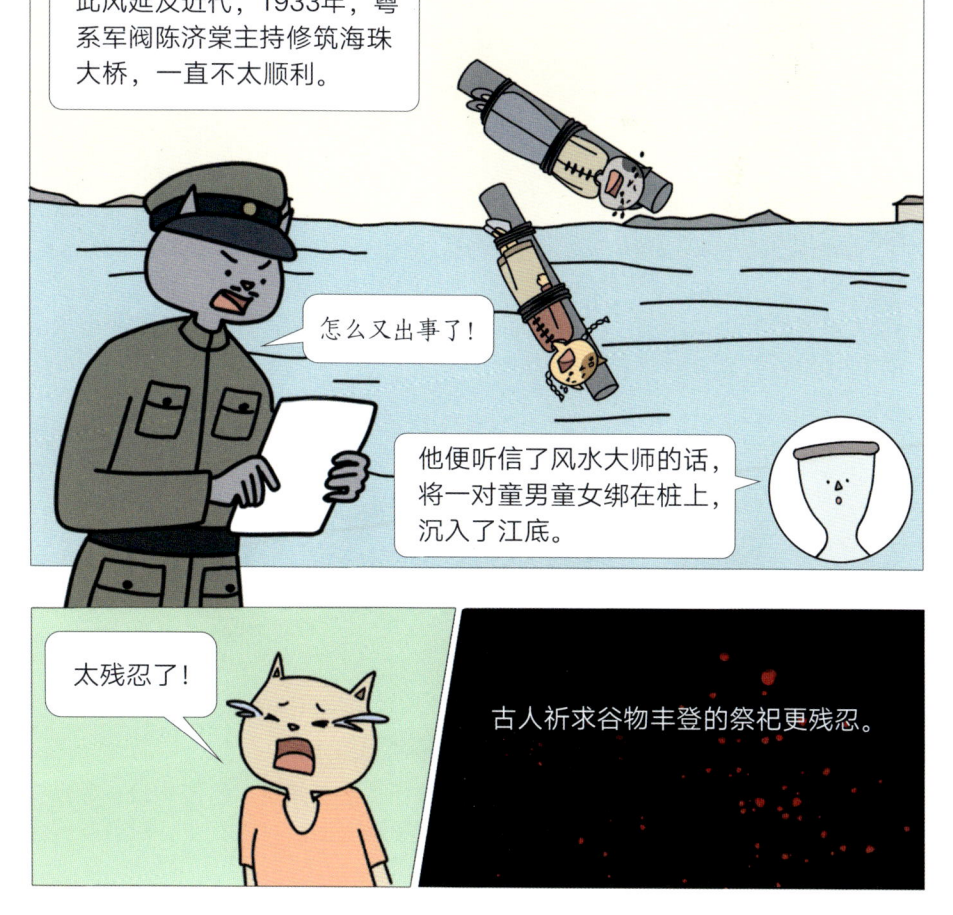

古人认为，被活埋的人会成为该建筑的守护神，维护建筑的稳定。

而儿童是纯洁之物，更受神明喜欢。

这也太愚昧了吧！真有人这么做？

此风延及近代，1933年，粤系军阀陈济棠主持修筑海珠大桥，一直不太顺利。

怎么又出事了！

他便听信了风水大师的话，将一对童男童女绑在桩上，沉入了江底。

太残忍了！

古人祈求谷物丰登的祭祀更残忍。

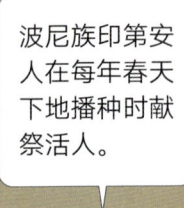

波尼族印第安人在每年春天下地播种时献祭活人。

詹姆斯·乔治·弗雷泽在人类学著作《金枝》一书中，记录了一个苏族印第安女性被献祭的场景。

祭礼当天，人们将这个女人绑在绞架上，用慢火烤了一阵。

然后用箭射死她。

随后，主祭人酋长将她的心脏掏出来吃掉。

再将她的肉小块割下来。

拿到附近谷田，挤一滴血在新种的谷种上。

其他人纷纷效仿，挤压肉块，为所有种子浇上血，再盖上土，献祭仪式便结束了。

这么残忍的祭祀文化是什么时候消失的?

到了西周和春秋战国时代,开始有人对人祭进行反抗。

史记 滑稽列传

"西门豹治邺"中记载了西门豹取消活人祭祀的故事。

当时,邺县的巫女、官员和乡绅打着"河伯娶妇"的名义,挑选女子送入河中,借机敛财。

百姓害怕女儿被选做"河伯媳妇",纷纷逃离,使得当地经济日渐惨淡。

此女不够美!

西门豹上任邺县令后,决心整治这一乱象。他借口送给河伯的女子不够美丽,阻止了祭河仪式。

他还拜托巫婆前去将此事"禀报"给河伯，先后将巫婆和掌教化的三个乡官送入河中，结果他们有去无回。

巫婆的把戏被彻底拆穿，西门豹的举动也震慑了其他官员、乡绅，再也没人敢提"河伯娶妇"之事。

随后西门豹带领百姓开挖渠道，引水灌田，邺县也一改原来面貌，老百姓家给户足，生活日渐富裕。

幸福生活，从拒绝迷信开始！

古代被浸猪笼的是何许人也？

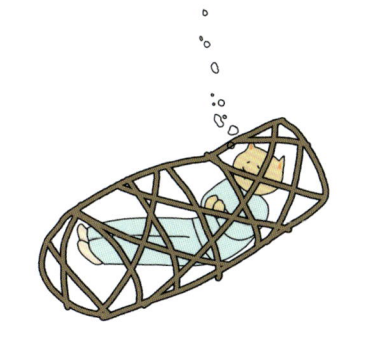

放开我！救命！

听说她和隔壁村的男人私奔，被捉住了。

这是什么惩罚？太可怕了！

这是浸猪笼，古代的一种刑罚。

在古代，如果宗族中有已婚女人私奔、偷情，或者有寡妇不守节，宗族里德高望重的长老就会下令用浸猪笼的方式惩罚她们。

受罚者会被绑住四肢，放入一个装猪的笼子里。

咳咳咳

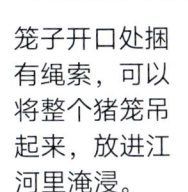

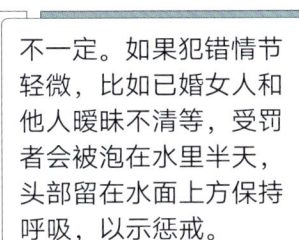

笼子开口处捆有绳索，可以将整个猪笼吊起来，放进江河里淹浸。

不一定。如果犯错情节轻微，比如已婚女人和他人暧昧不清等，受罚者会被泡在水里半天，头部留在水面上方保持呼吸，以示惩戒。

她们会死么？

如果情节严重，比如合谋害死亲夫，或者屡教不改，就会被装在猪笼里，绑上石头直接淹死，也叫沉潭。

宗族私自处死人，官府就不管么？

古代宗族高度自治，官府一般不会插手宗族内部的纠纷。

在传统中国社会，"皇权不下县，县下惟宗族"的情况普遍存在。宗族族长以家法族规为依据，对族人、村民进行管理和统治。明至清前期是宗族治理的全盛时期。

— 官府因为怕宗族，所以不插手？

— 不是怕，而是需要宗族的协助。

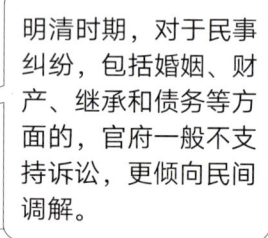

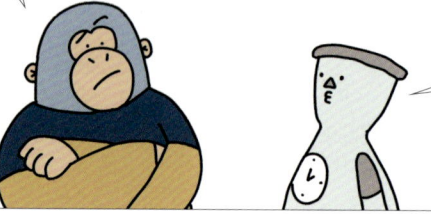

— 明清时期，对于民事纠纷，包括婚姻、财产、继承和债务等方面的，官府一般不支持诉讼，更倾向民间调解。

— 明朝直接规定了"放告日"：衙门三五日放告一次，只有放告日期间才受理民事诉讼。

放告日

县衙

— 放告日期间能处理完那些民事诉讼吗？

— 剩余的民事诉讼案件，就需要宗族来帮忙。

— 处理不完。

民事诉讼案

所以官府为了节约管理成本，维持所辖区域的秩序和稳定，一般不会插手宗族内部事务？

清朝雍正年间推出了"恶人为尊长族长致死免抵"的规章制度。

对！古代政府也给了族长生杀大权。

族中的族长、尊长可以杀死本族中的坏人而不用承担法律责任，不用偿命。

杀！

族长的权力好大！

权力再大，也不能随便处死一个人啊，女人的命也是命！

虽然浸猪笼在明清时期逐渐成了针对女性的刑罚，但是它最初是用来惩罚男人、惩恶扬善的。

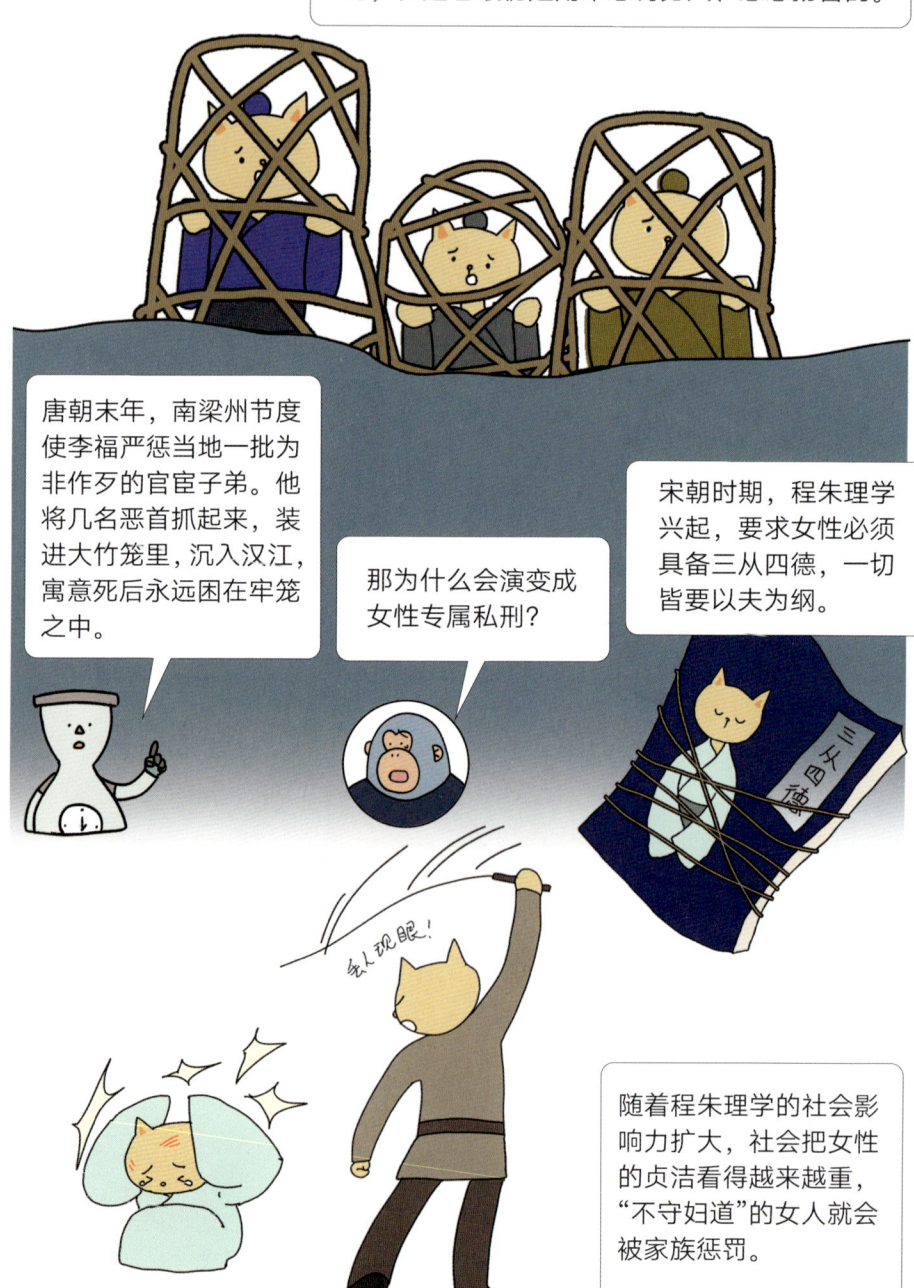

唐朝末年，南梁州节度使李福严惩当地一批为非作歹的官宦子弟。他将几名恶首抓起来，装进大竹笼里，沉入汉江，寓意死后永远困在牢笼之中。

那为什么会演变成女性专属私刑？

宋朝时期，程朱理学兴起，要求女性必须具备三从四德，一切皆要以夫为纲。

丢人现眼！

随着程朱理学的社会影响力扩大，社会把女性的贞洁看得越来越重，"不守妇道"的女人就会被家族惩罚。

而浸猪笼，寓意被浸之人猪狗不如。

就是她，不检点！

受罚者就算在浸猪笼这样的私刑里捡回一命，也会因为围观者的"荡妇羞辱"，受到严重的精神摧残。

这种刑罚用在女性身上，同时实现了惩戒和羞辱的双重目的，因而成了宗族常用的私刑。

浸猪笼在新中国成立之后渐渐消失。

太可怕了。幸好这种私刑已经没有了。

但在现代文明社会，这种腐朽习俗的遗害仍然存在。

唉，这些陋习什么时候才能彻底消失呢？

古代刑讯逼供能加速破案吗？

啊！！！！

你可承认杀害王家公子一案？

我认！我听话！放过我吧！

罪状

为什么古人总要刑讯逼供？正常查案不行么？

古代抓捕犯人有期限要求，比如明朝规定，杀人案发生后一个月内必须将凶手抓获归案。

公文
命：三十日之内抓捕犯人归案

你办事不力！皇上命笞杖二十。

若规定期限内破不了案，事发辖区的相关责任人就要被治罪，一个月抓不住凶手则笞杖二十，三个月笞杖四十。

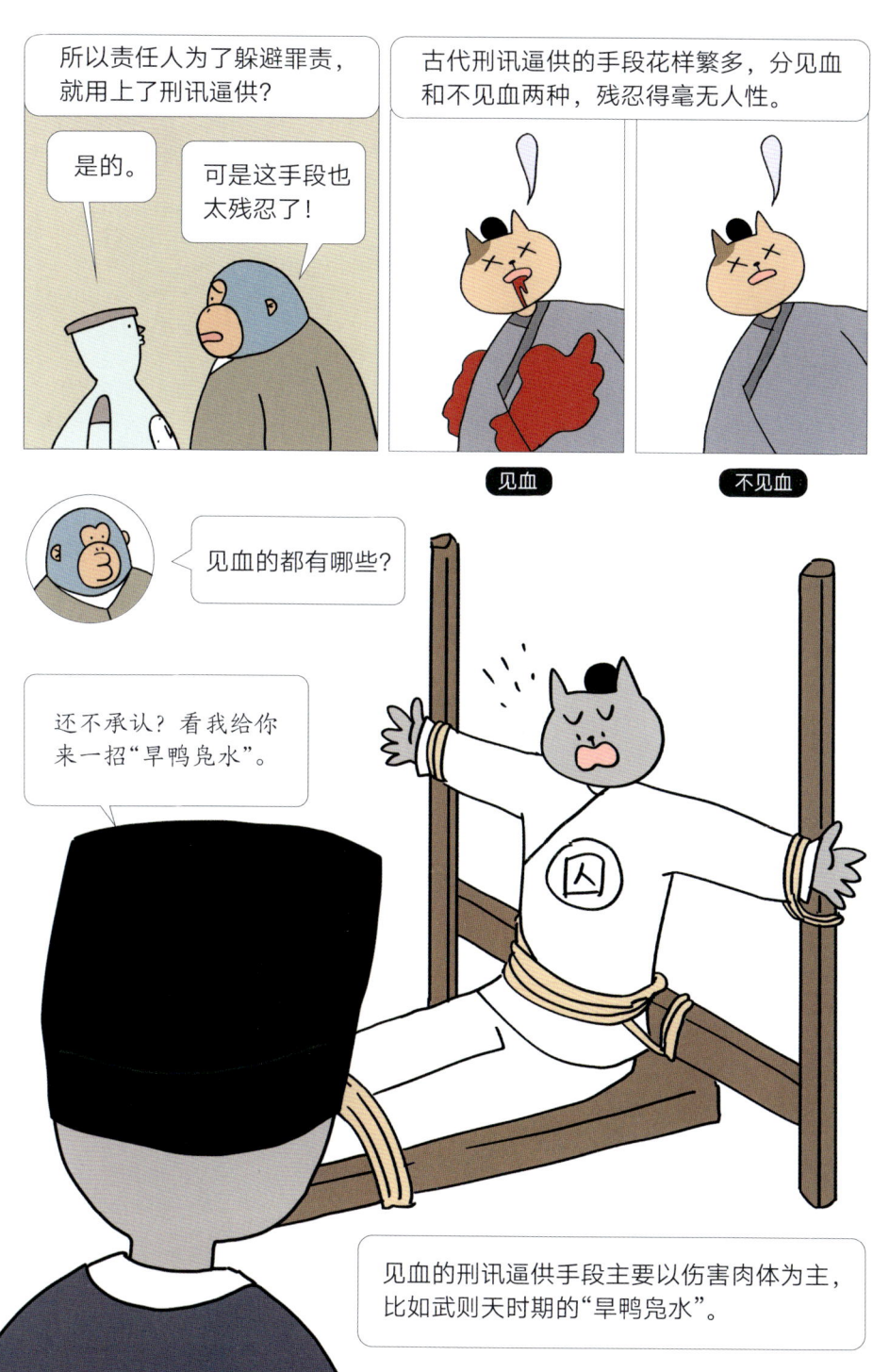

> 所以责任人为了躲避罪责，就用上了刑讯逼供？

> 是的。

> 可是这手段也太残忍了！

> 古代刑讯逼供的手段花样繁多，分见血和不见血两种，残忍得毫无人性。

见血

不见血

> 见血的都有哪些？

> 还不承认？看我给你来一招"旱鸭凫水"。

> 见血的刑讯逼供手段主要以伤害肉体为主，比如武则天时期的"旱鸭凫水"。

41

狱卒将开水浇到受刑者的脚背上。

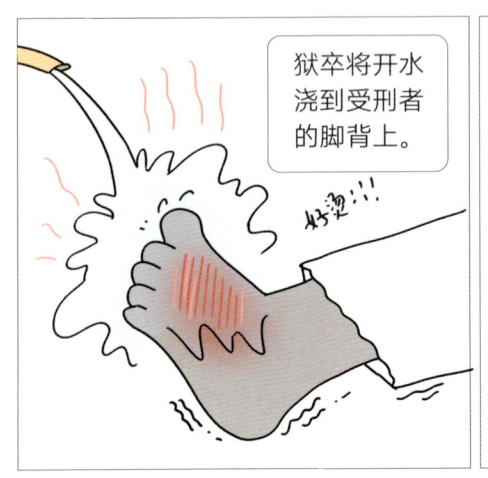

再使用钢刷，将脚背的肉刷掉，露出白骨。

若受刑者仍不认罪，便再刷去其脚底板的肉，然后将盐撒在伤口上。

再不认罪我可就撒盐了！

我认罪！我认罪！

此时受刑者就如同旱鸭子一样，恐惧又无措，只能乖乖认罪。

这手段太血腥了！

同样是对脚用刑，明朝东厂的"红绣鞋"有过之而无不及。

"红绣鞋"是一双特制的铁鞋。

是女人穿的绣鞋吗？

狱卒将铁鞋放入火炉中,烧得通红。

再让受刑者赤着脚套上,受刑者的脚立马被灼烧得皮焦肉烂。

别让我穿!我认罪就是了!

啊!!!!!

啊!!!

李应升

明末"铁笔御史"李应升因得罪魏忠贤,被太监党诬告贪赃枉法,狱卒便使用"红绣鞋"逼其认罪。

李应升被逼供致死,据说死时双脚已经被完全烧焦。

这岂不是残害忠良!

手段极其残忍的刑讯逼供，也会用在惩罚或者审讯重刑犯上，比如"弹琵琶"。

受刑者四肢被绑在木桩上。

狱卒用刑具（多为刀或铁刷子）刮受刑者的肋部，动作有点像弹琵琶。

不出几下，受刑者就会血肉模糊，鲜血四溅，哀号不已。

太残忍了！不见血的刑讯逼供应该没这么残忍吧？

不见血的刑讯逼供以摧垮受刑者的精神为主。

比如"枷刑"。受刑者戴上极为沉重的枷锁，站不起来又坐不下。

戴上吧。

最终憋闷而死，承受身体和精神双重摧残。

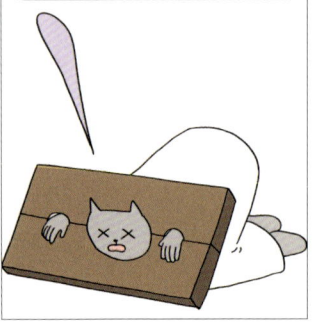

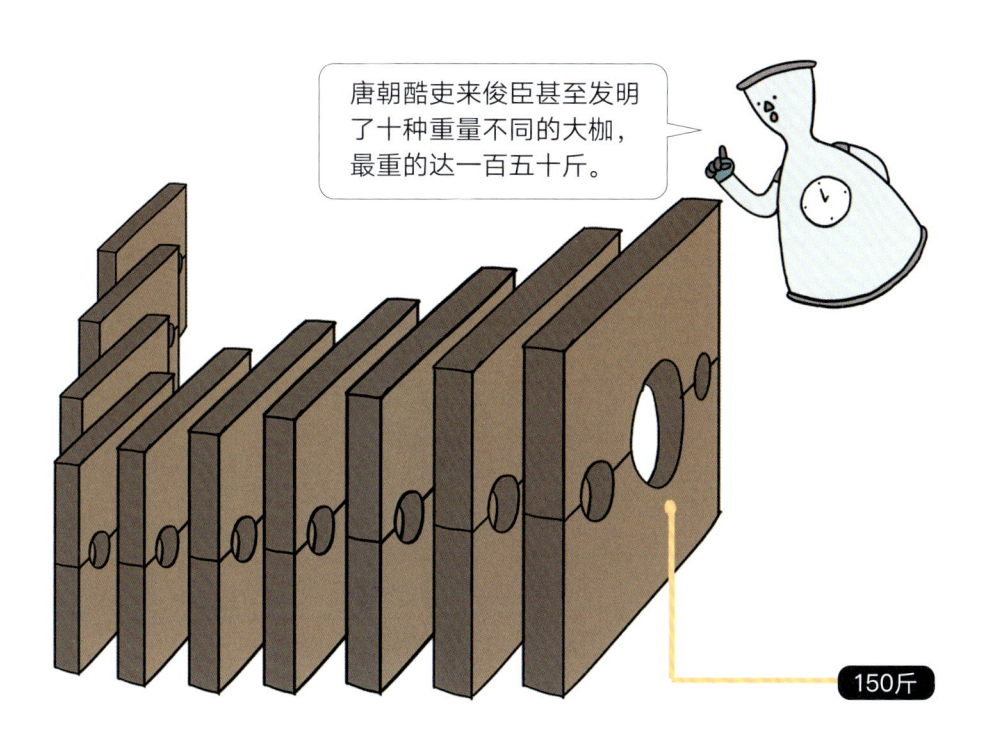

唐朝酷吏来俊臣甚至发明了十种重量不同的大枷，最重的达一百五十斤。

150斤

不少受刑者看见这些大枷的瞬间，就会因恐惧而认罪。

我认罪！别给我上大枷了呜呜呜！

还有一种不见血的刑讯手段——"笑刑"。

笑还能作刑罚？

最早有记载的笑刑是在汉朝。自汉朝起，笑刑多被用来审讯贵族和官员们。

审讯人员用羽毛、刷子不断刺激受刑者脚底，让受刑者大笑不止。

犯人是个贵族？那用笑刑吧。

长时间大笑会导致缺氧，继而引发肌无力、麻痹、晕厥、猝倒等。在持续高强度逼迫下，受刑者精神极易崩溃，刑讯的目的也更容易达成。

明朝对官员的刑讯逼供手段是"贴加官"，过程更残忍。

受刑官员的四肢和头部被固定，脸部被盖上一张浸湿的桑皮纸。

湿润的桑皮纸与受刑官员的面部紧紧贴合，令他们无法呼吸。

明太祖朱元璋利用这种酷刑，有效遏制了官员中的贪污腐败现象。

朱元璋

被发现贪污者，赏贴加官。

可是，刑讯的手段为什么要这么残忍？

古代官员和民众对刑讯逼供有着极大的恐惧。

残忍的刑讯手段也因此成了古代掌权者震慑官员和民众、打击政敌、稳固统治的有力武器。

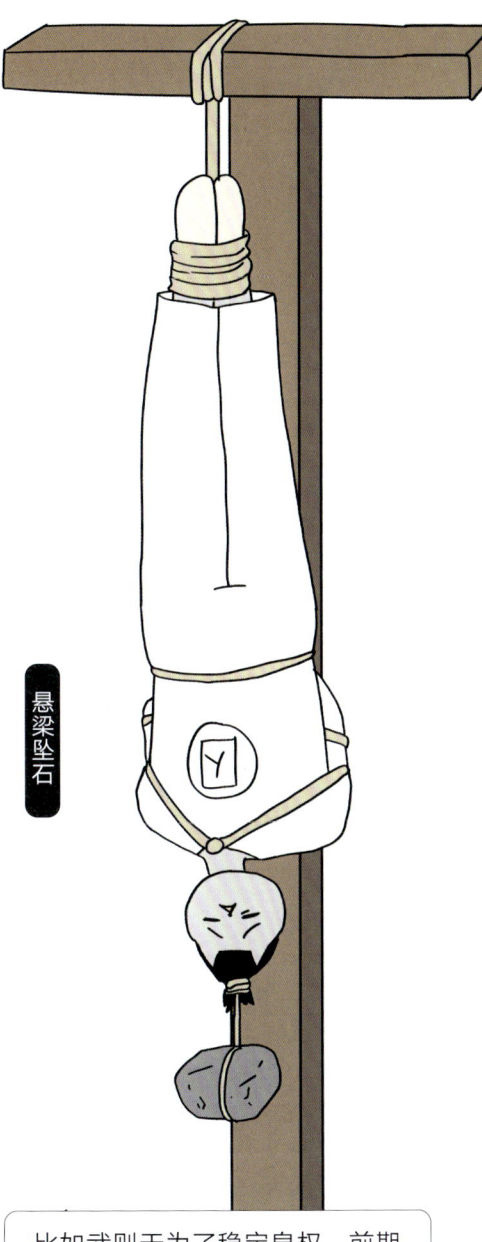

贪污可是要被朕赐刑的。

……微臣明白。

悬梁坠石

比如武则天为了稳定皇权，前期借酷吏之手，大兴悬梁坠石、驴驹拔橛等酷刑，靠铁血手段铲除政敌，稳定了武周政权。

而且残忍的刑讯手段成本低、效率高，可以迅速击溃犯人的心理防线，逼其画押招供。

不想再受刑就快招来！

快是快，冤假错案也多吧？

是的。尤其是在明清时期，刑讯逼供手段更加残忍无底线，造成了大批冤假错案。

一直到中华民国，南京临时政府颁布了《大总统令内务司法两部通饬所属禁止刑讯文》，刑讯逼供才从法律层面被明令禁止。

大总统令内务司法两部通饬所属禁止刑讯文

干得漂亮！

咬舌真的能自尽吗?

> 别痴心妄想了，我是不会告诉你们的！啊……

> 大……大人，他咬舌自尽了！

> 咬舌死得这么快啊，连一句台词都来不及说……

> 咬舌自尽没那么容易，别被影视剧和小说给骗了。

> 舌头的构造就决定了咬舌自尽是几乎不可能的事。

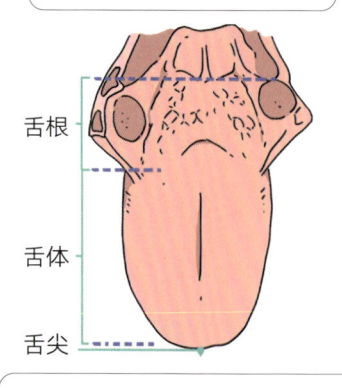

舌根
舌体
舌尖

舌头位于口腔中央，是肌性器官，有丰富的神经，上面还分布着颈外动脉的分支——舌动脉。

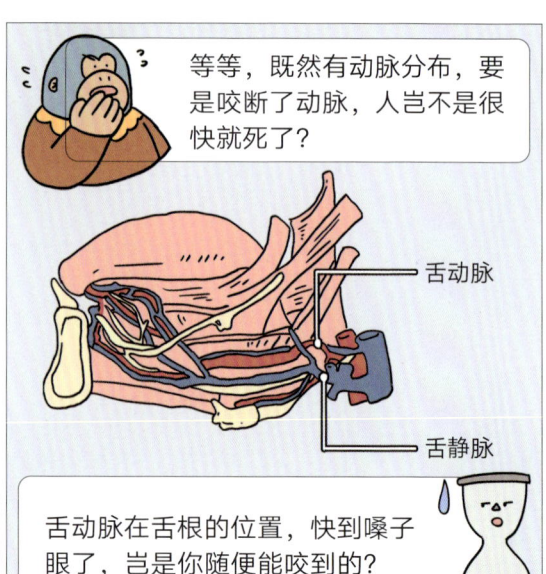

> 等等，既然有动脉分布，要是咬断了动脉，人岂不是很快就死了？

舌动脉
舌静脉

舌动脉在舌根的位置，快到嗓子眼了，岂是你随便能咬到的？

我来试试……哎，还真咬不着。

能被牙齿咬到的，一般也就是舌尖到舌体前部。

舌头上有丰富的神经末梢，一旦被咬到，疼痛会立刻唤醒神经系统，你就会本能地松开。

……好疼！

如果真的有人坚定决心去咬舌头呢？

别忘了，咱们的大脑还有一层保护机制，让你咬痛自己了之后会晕厥，不能继续咬。

我刚才怎么晕了？

如果是意外咬到舌头，大脑没反应过来呢？

那也不会致命，因为舌头前部的血管大多是毛细血管，伤口很快就会结痂。

这么快就止血了？

啊！！我的舌头！

放心吧死不了。

如果真的咬断了，出血速度会快一些，但是人体也会及时反应过来，自发地将储存的血液补充到循环中，所以人也不至于当场死亡。

通常来说，失血量达到血循环总量的20%就会造成生命危险，也就是约800毫升，差不多能装满一个大饮料瓶。

舌头的出血量远远达不到800毫升，而且血小板也会使血液凝固，阻止血液继续流失。

关于咬舌能不能致死，流传着三种说法，我给你分析一下吧。

1 第一种说法是会被断掉的舌头噎死。

把舌头吞进去了……

这种说法基本不成立，舌头被咬下来之后也会掉在牙齿外面。难不成捡起来再吞下去？

2 第二种说法是血液阻塞呼吸道导致窒息。

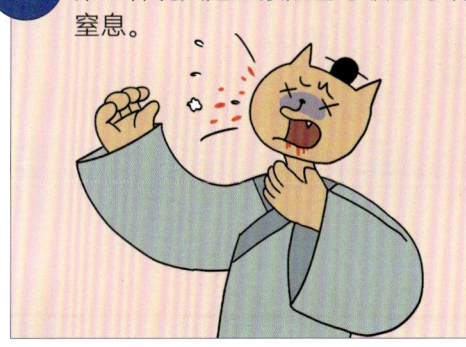

但它也要满足一定的条件。

一小时后

只有持续、大量出血，血液才有机会去呼吸道堵住"道路"，拦截空气流通，导致窒息。

3 第三种说法是舌根痉挛后坠，阻塞呼吸道导致窒息。

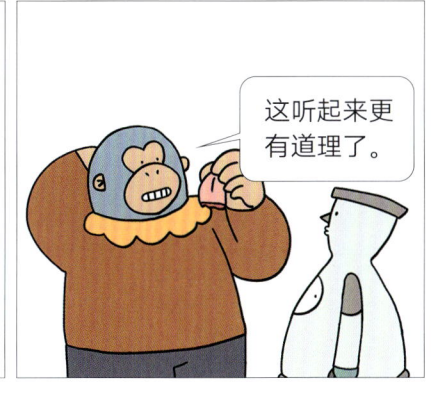

这听起来更有道理了。

这种说法理论上有一点可能性。

剧烈的疼痛会导致舌根后缩，阻塞气道，将整个气管堵死。

加上口腔内出血，综合起来会导致窒息。

我的嘴里好像有血腥味……

这么说，小说里的吞金自杀、刎颈自杀、撞柱自杀，以及憋气自杀，也都是骗人的吗？

因为生金子里面含有汞和铅之类的有毒重金属。

汞就是水银，那可是有剧毒的。

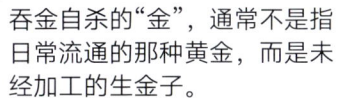

吞金自杀的"金"，通常不是指日常流通的那种黄金，而是未经加工的生金子。

生金子

吞金能否致死跟金块中的剧毒物质含量有关系，未必都能死，但痛苦是一定的。

救命，肚子好痛！

即便吞下无毒的熟黄金或金首饰，肠胃中的异物感和垂坠感也相当折磨。它们很可能会划破肠道，却很难使人当即殒命，而是慢慢死去。

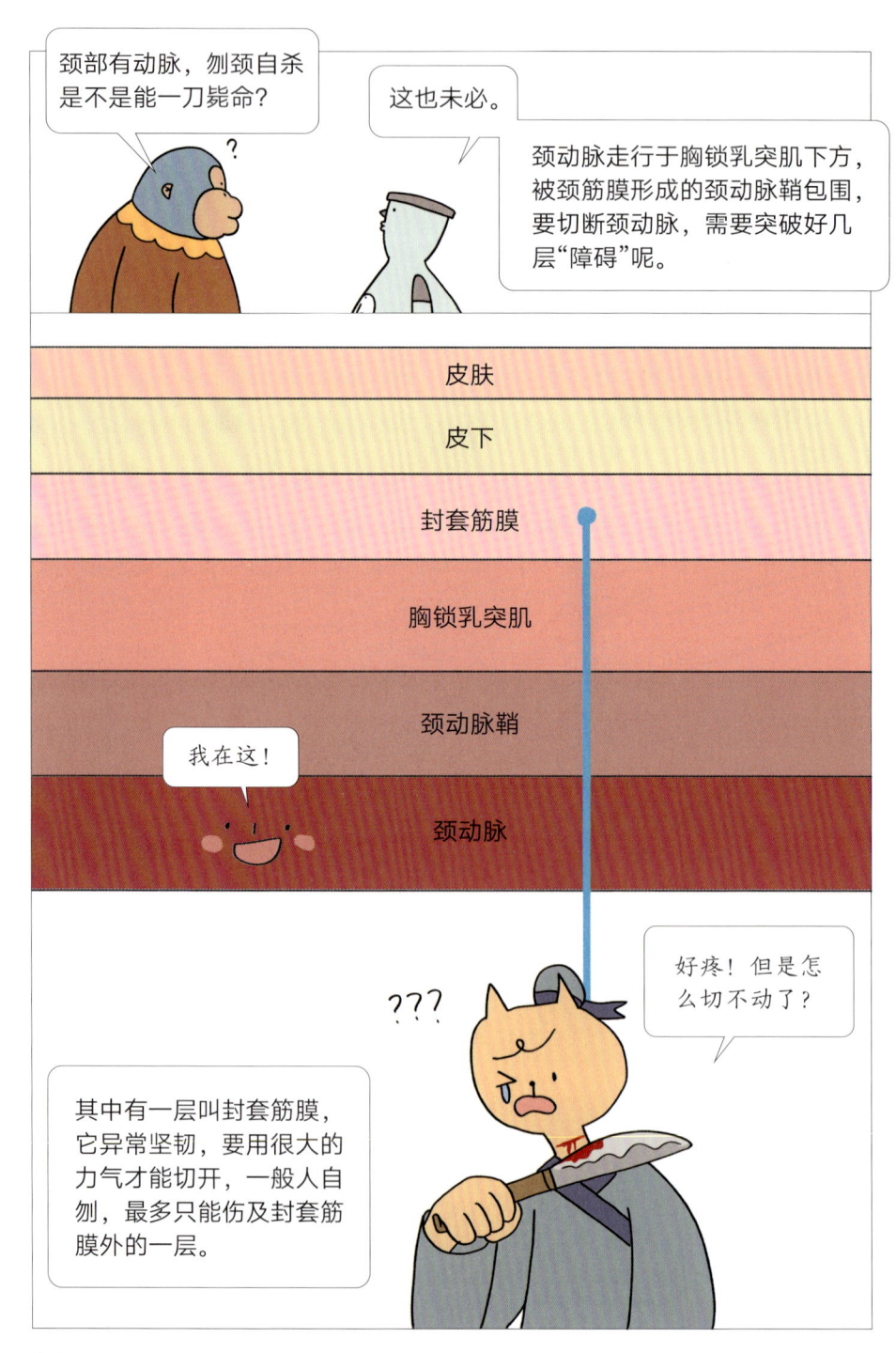

> 颈部有动脉，刎颈自杀是不是能一刀毙命？

> 这也未必。

> 颈动脉走行于胸锁乳突肌下方，被颈筋膜形成的颈动脉鞘包围，要切断颈动脉，需要突破好几层"障碍"呢。

| 皮肤 |
| 皮下 |
| 封套筋膜 |
| 胸锁乳突肌 |
| 颈动脉鞘 |
| 颈动脉 |

> 我在这！

> 好疼！但是怎么切不动了？

> 其中有一层叫封套筋膜，它异常坚韧，要用很大的力气才能切开，一般人自刎，最多只能伤及封套筋膜外的一层。

撞柱而死的原理是颅内出血。

可以和高处坠落对比。一个人即便以10米/秒的速度撞向柱子，按照重力加速度公式，不计空气阻力，也仅仅相当于从五米高处坠落，大约是两层楼的高度。

这么低，要不别跳了。

5米

这种程度的撞击可能导致晕厥和颅内出血，但是基本上不会当场死亡。

如果碰巧损伤了脑干，人会立即死亡。

然而脑干并不在额头的位置，所以用额头撞柱基本不会损伤脑干。

你撞哪呢？我又不住在脑门。

脑干

此外，也得考虑这柱子是什么材质的，木头柱子跟石头柱子造成的后果也不一样。

木头

石头

……撞哪个好呢？

至于憋气自杀，基本是不可能实现的，因为人的呼吸是由脑干自动控制的，而不是由意识控制。

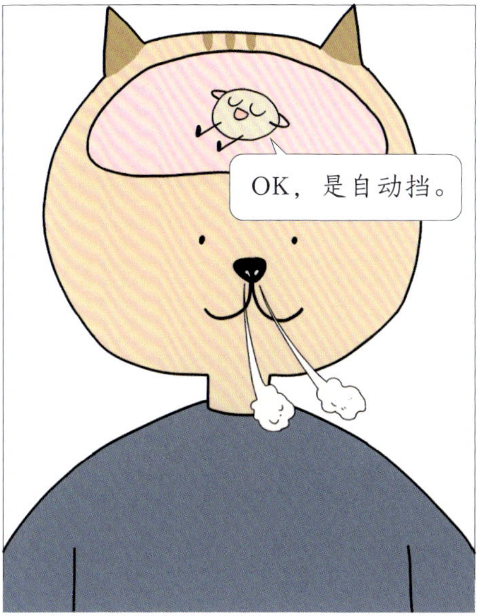
OK，是自动挡。

一个人意志坚定地憋气，缺氧到一定程度便会晕厥。晕厥之后，意志力就消失了，肺在二氧化碳的刺激下就会本能地恢复呼吸。
小样儿，和我斗。

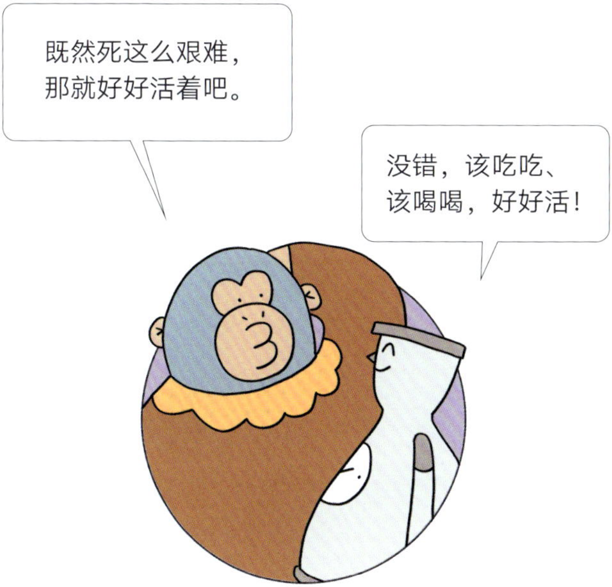
既然死这么艰难，那就好好活着吧。
没错，该吃吃、该喝喝，好好活！

免死金牌
真的能免死吗?

尚方宝剑在此，今天你插翅难逃！

我有免死金牌！

可恶，难道拿他没办法了吗！

免死金牌可不是万能的。

最早的免死金牌不能免除死罪，它只承诺承袭爵位、封地、食邑数额等特权，是皇帝用来笼络人心、巩固政权的手段。

| 加爵 | 封地 | 奴仆 | 食邑数额 |

赏你们一人一块。

刘邦

萧何

曹参

陈平

张良

它原本叫丹书铁券。最早跟随刘邦的萧何、曹参、张良、陈平、周勃、樊哙等人都曾被赏赐。

不同等级的铁券大小不同。

这么大,关键时刻能迅速拿出来保命吗?

铁券可不像电视里的免死金牌那样能随意使用。

写这么全,还有点个人隐私吗?

铁券的凸面上刻有受赐者的履历、功绩与封号。

凹面则镌有免罪、减禄的具体内容。

他的福利怎么比我多一条?

铁券分左右两块，左券颁给功臣，右券藏于内府。

我去功臣家住。

我去内府住。

使用铁券时，要将两块合在一起辨别真伪。

两半大小都不一样，把他拖出去！

饶命！我再也不敢了！

汉高祖对异姓王十分无情，汉朝得丹书铁券者百余人，善终者只有五人。

丹书铁券不能保命，干嘛叫它免死金牌？

西魏时期,名将李穆在河桥之战中冒死救下宇文泰,宇文泰赏赐给他丹书铁券,铁券上的誓词从世袭爵禄改为免死,给了他免除十次死罪的机会。

> 救驾有功,免你以后十次死罪。——宇文泰

李穆

而且,免死的福利还能由官员的后代继承。唐昭宗为犒赏钱镠平定叛乱,赐他一块金书铁券,上嵌诏书说明钱镠可以免死九次,他的子孙后代可免死三次。

> 我免死九次。——钱镠
> 我们三次。

后来朱元璋减少了免死的次数,每人最多免死三次。

> 世道变了,变了变了。

> 如果这些大臣生了异心,想要篡位,也能免死吗?

> 谋逆罪不可赦免。

五代时的大将朱友谦灭后梁有功,被后唐庄宗赐丹书铁券,可免死罪。

朱友谦

后来庄宗怀疑朱友谦有谋逆之心,将朱友谦本人及族人斩尽杀绝,丝毫不顾丹书铁券。

这么说来,丹书铁券管不管用还是得看皇帝的个人喜好。

对。皇权衰弱时,皇帝用丹书铁券来安抚人心。

唐代中期,泾原兵变,逼得唐德宗仓皇出逃。统兵大将李怀光率先前去救援,击退了叛军。

里面的人听着,你们已经被包围了!

怀光!

唐德宗

李怀光

臣来救您了!

但唐德宗听了心腹大臣挑拨，不让李怀光入朝。李怀光心怀怨恨，起了反叛之心。

相信我，他是坏人！

唐德宗想用高官厚禄和丹书铁券笼络李怀光，结果加速了李怀光的反叛。

怀光啊，给……

皇帝猜忌某人时，也会用铁券来试探。

人臣反，赐铁券；怀光不反，今赐铁券，是使之反也！

皇帝怎么这么多心眼。

辽代的权臣耶律重元手握重兵，野心勃勃。辽道宗察觉到他有谋反之心，故意将他册封为皇太叔，任命其为天下兵马大元帅，并赐下丹书铁券。

耶律重元

皇太叔

天下兵马大元帅

耶律重元在一声声夸奖中迷失了自我，胆大妄为，最终被辽道宗抓住了罪证。

皇帝的心思真是难以捉摸。

要带回去留个纪念吗？

不了不了。

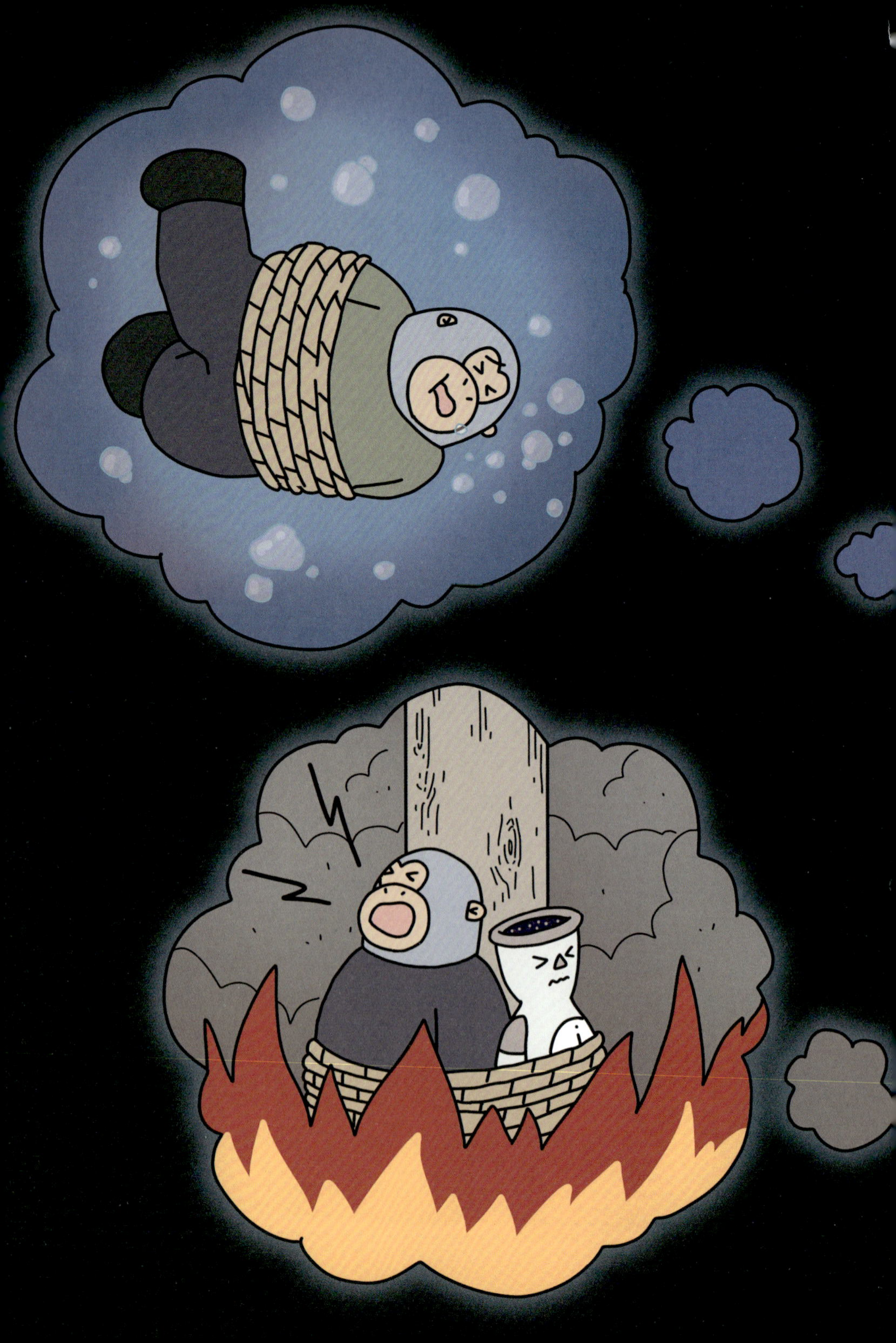

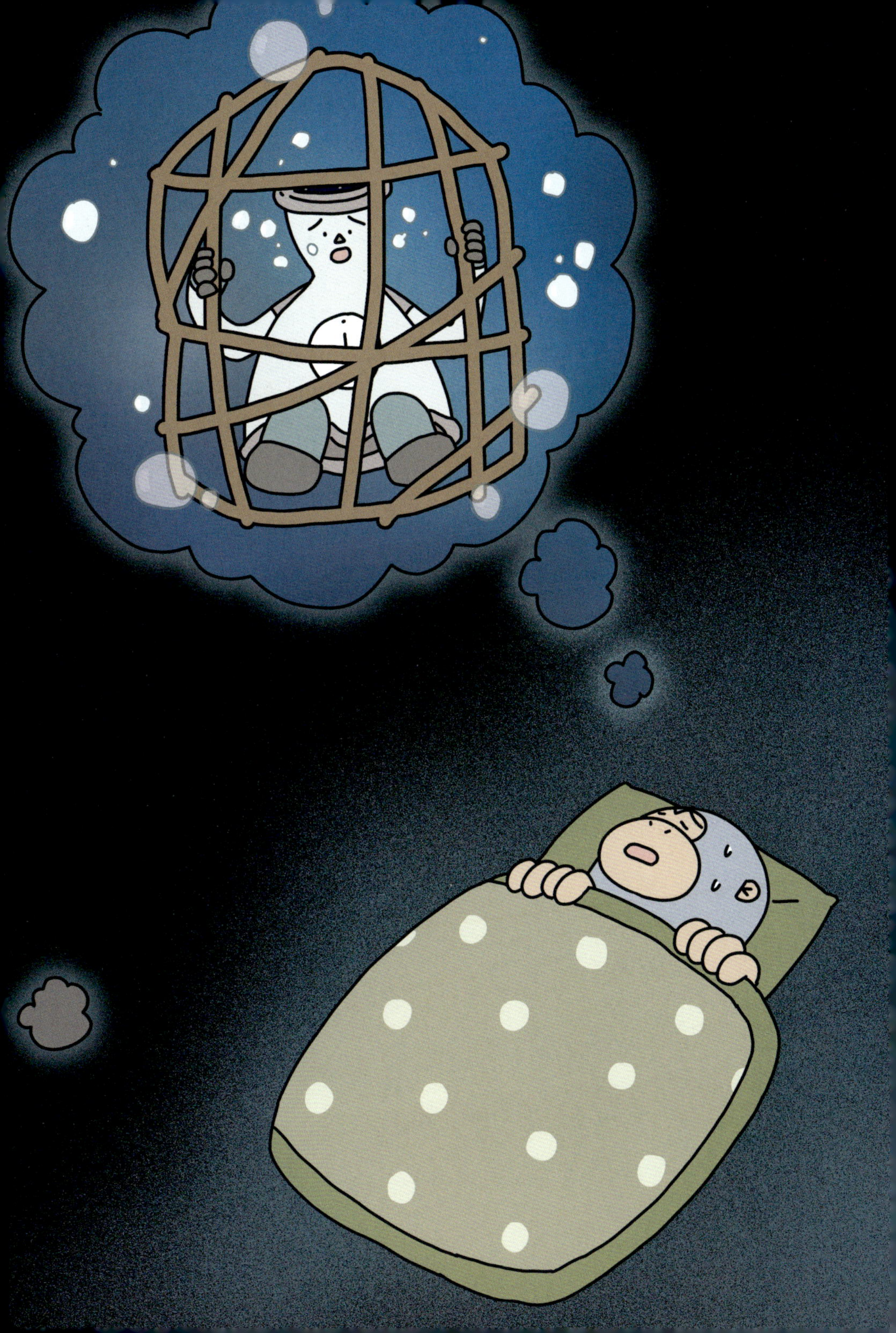

鬼压床是怎么回事?

我好像醒了……

但是……

怎么也动不了……

胆小　无助　动弹不得

我、我被鬼压床了!!!

普普猩，醒醒，醒醒。

机器人，我被鬼压床了！好可怕！

别怕，"鬼压床"只是一种形象的说法，不是真的有鬼。

这种情况的学名叫睡眠瘫痪症，也叫睡眠麻痹，是睡眠障碍的一种。

全世界40%以上的人都经历过"鬼压床"，算是一种较常见的现象。

"鬼压床"的感觉就是大脑逐渐从睡梦中醒来，身体却无法动弹，想喊也发不出声音。

救命!!

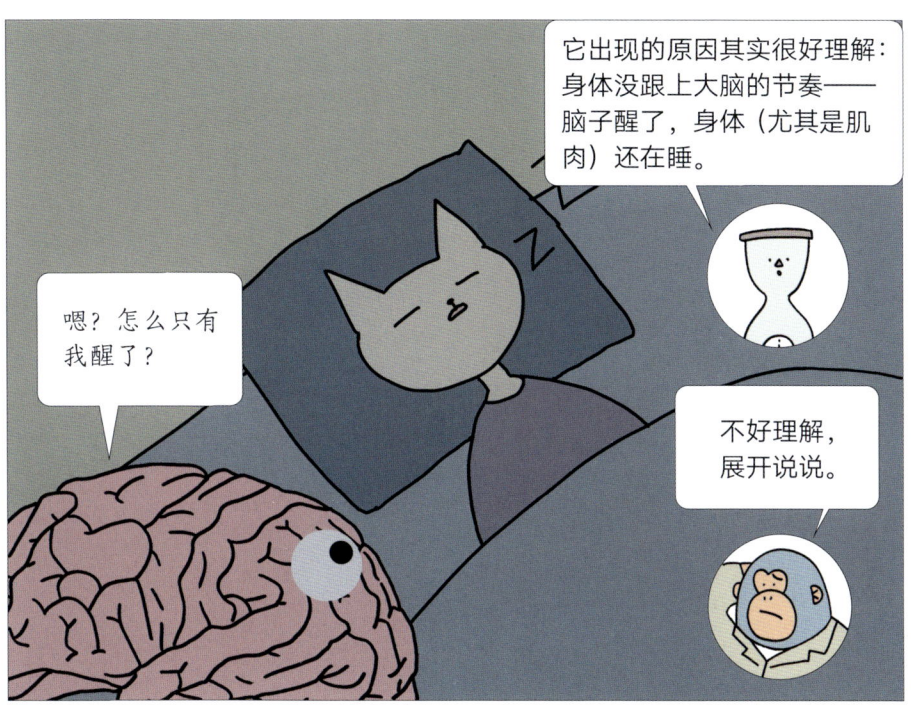

> 它出现的原因其实很好理解：身体没跟上大脑的节奏——脑子醒了，身体（尤其是肌肉）还在睡。

> 嗯？怎么只有我醒了？

> 不好理解，展开说说。

人的正常睡眠周期可分为非快速眼动期（NREM）和快速眼动期（REM）。

睡眠周期 → 非快速眼动期 / 快速眼动期

非快速眼动期（NREM）：轻睡期、深睡期、浅睡期
快速眼动期（REM）

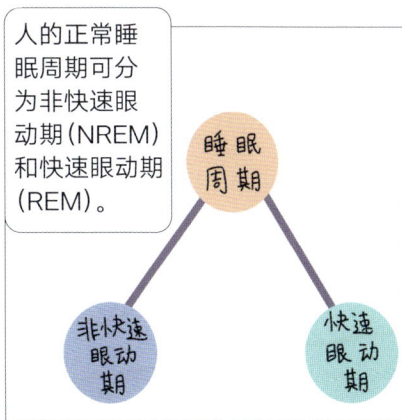

如此交替进行，形成睡眠周期。

非快速眼动睡眠期 NREM
+
快速眼动睡眠期 REM
=
一个睡眠周期
（90—120分钟）

睡眠时，先进入非快速眼动期，依次经过浅睡期、轻睡期、深睡期，睡眠由浅到深，然后进入快速眼动期。

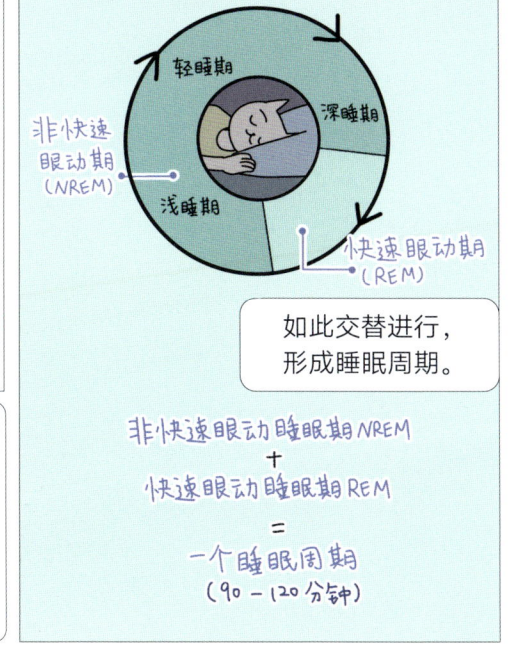

在快速眼动期，眼球不停左右摆动，脑电波和清醒时类似，甚至比清醒时还活跃。

冲鸭!!

记忆

脑中的记忆碎片被触发，带我们走进梦境。

梦境大门

记忆

而其他肌肉的运动神经元被抑制，身体处于"瘫痪""沉睡"状态。

如果此时突然醒来，大脑和肌肉之间的神经连接还没接上，就会处于脑皮质活跃、骨骼肌瘫痪的状态。

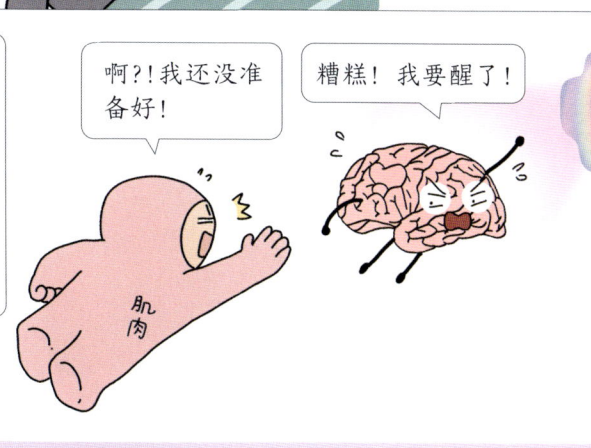

啊?!我还没准备好！

糟糕！我要醒了！

现实

肌肉

冤魂，被冤枉的鬼魂。

虽然道理都懂，可我刚才感觉喘不过气，好像真的有鬼坐在胸口……

在快速眼动期，你正处于呼吸变浅、呼吸频率增加、部分气道阻塞等状态。

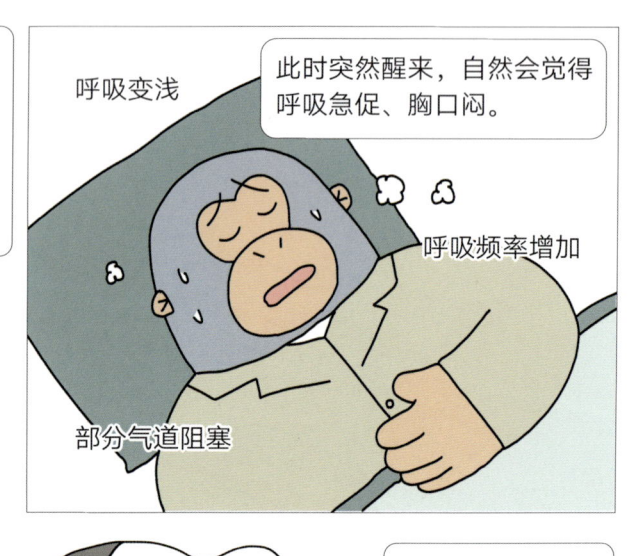

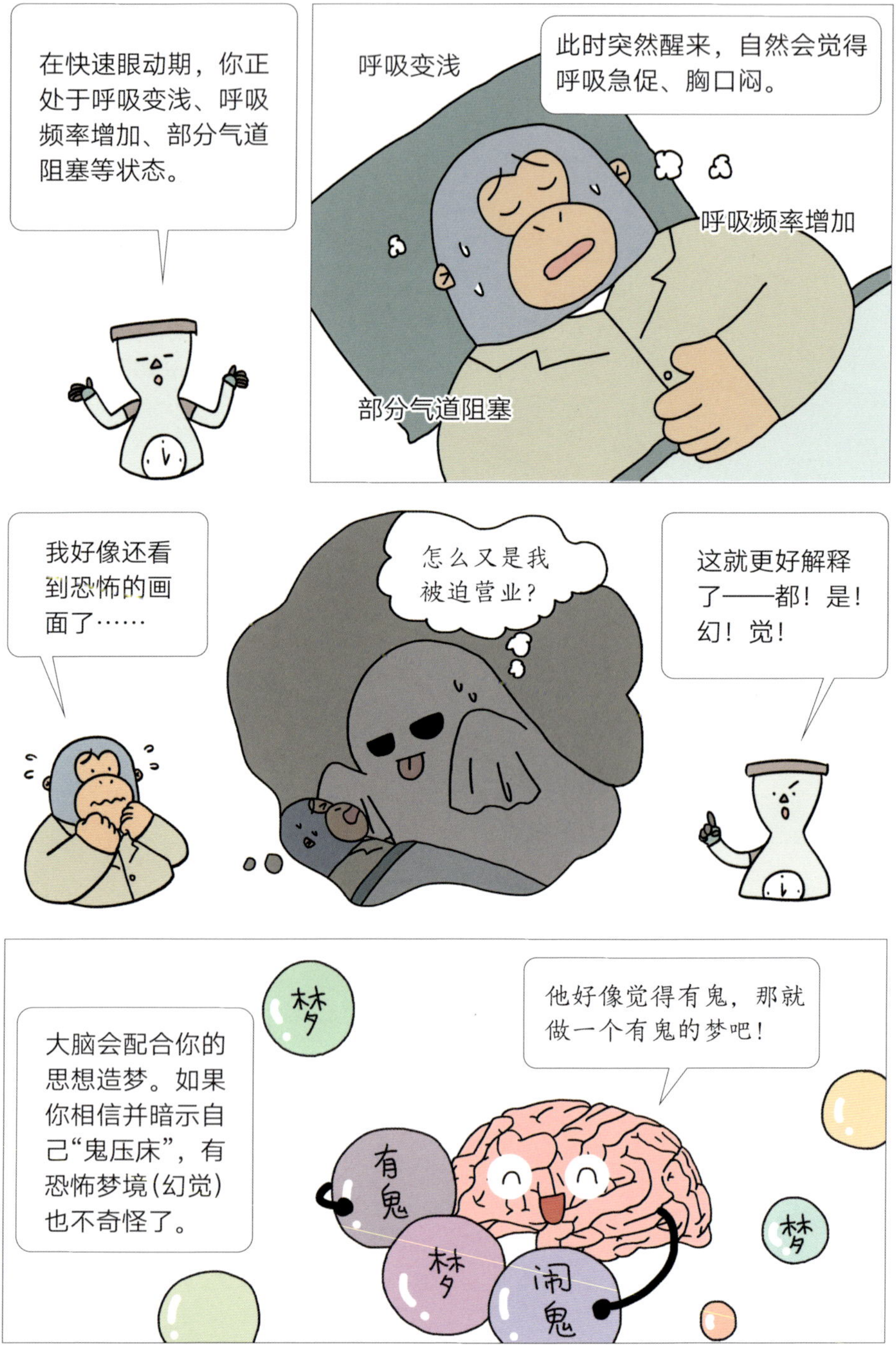

呼吸变浅

此时突然醒来，自然会觉得呼吸急促、胸口闷。

呼吸频率增加

部分气道阻塞

我好像还看到恐怖的画面了……

怎么又是我被迫营业？

这就更好解释了——都！是！幻！觉！

大脑会配合你的思想造梦。如果你相信并暗示自己"鬼压床"，有恐怖梦境（幻觉）也不奇怪了。

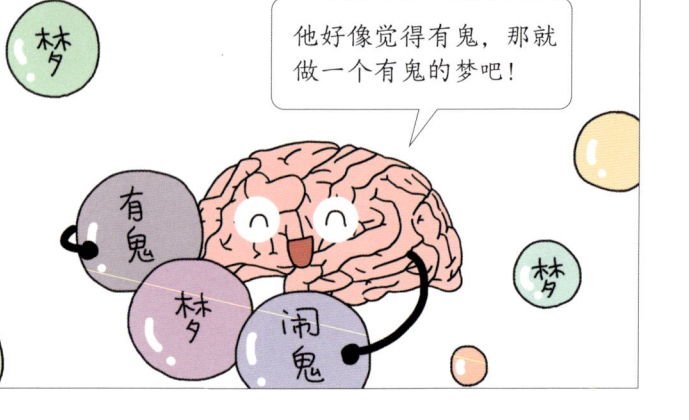

他好像觉得有鬼，那就做一个有鬼的梦吧！

梦　有鬼　梦　闹鬼　梦

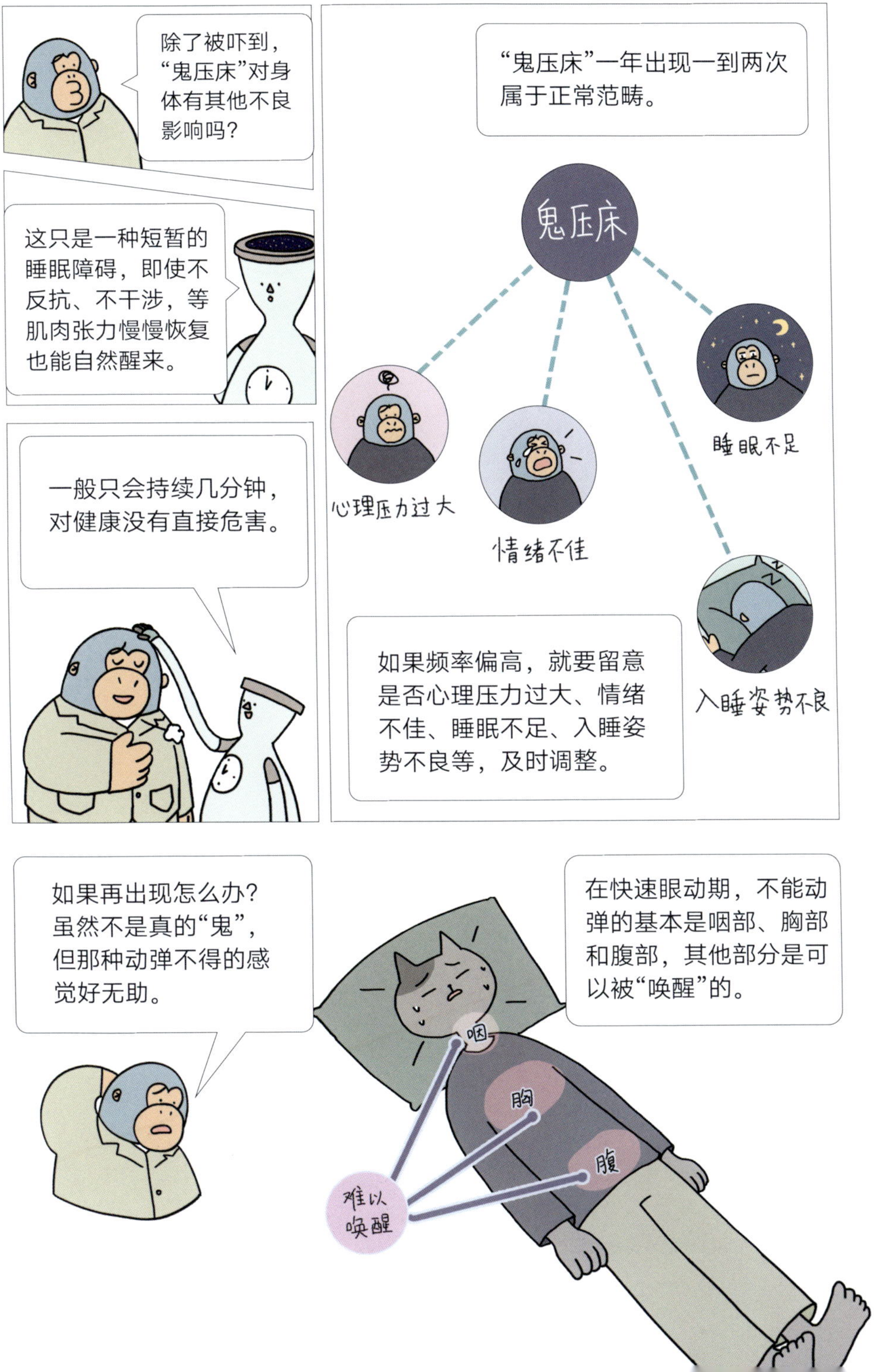

除了被吓到，"鬼压床"对身体有其他不良影响吗？

"鬼压床"一年出现一到两次属于正常范畴。

这只是一种短暂的睡眠障碍，即使不反抗、不干涉，等肌肉张力慢慢恢复也能自然醒来。

鬼压床
- 心理压力过大
- 情绪不佳
- 睡眠不足
- 入睡姿势不良

一般只会持续几分钟，对健康没有直接危害。

如果频率偏高，就要留意是否心理压力过大、情绪不佳、睡眠不足、入睡姿势不良等，及时调整。

如果再出现怎么办？虽然不是真的"鬼"，但那种动弹不得的感觉好无助。

在快速眼动期，不能动弹的基本是咽部、胸部和腹部，其他部分是可以被"唤醒"的。

- 咽
- 胸
- 腹
- 难以唤醒

此时听觉最为敏锐。可以尝试用上下嘴皮吸动发声,让耳朵听见,就能破解了。

嘴巴

耳朵你快醒醒啊!

另外也可以抖抖手,抖抖脚,做深呼吸……帮助唤醒身体肌肉。

有床伴的话就更简单了,提前说好,让ta发现异常情况时叫醒你。

防鬼压床"健康歌"

抖抖手呀~
一二三四~

抖抖脚呀~
一二三四~

勤做深呼吸~
三二三四~ 四二三四~

生活妙招

第二辑

古科技点亮机智生活

没有衣兜，古人随身物品放哪儿？

糟了，我钱不见了。

是掉地上了。

都怪我口袋太浅。话说古人的袖子那么宽，他们在袖口装银子不掉吗？

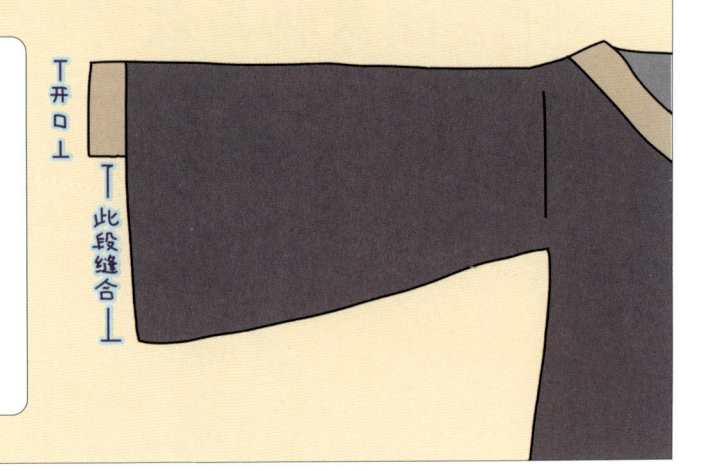

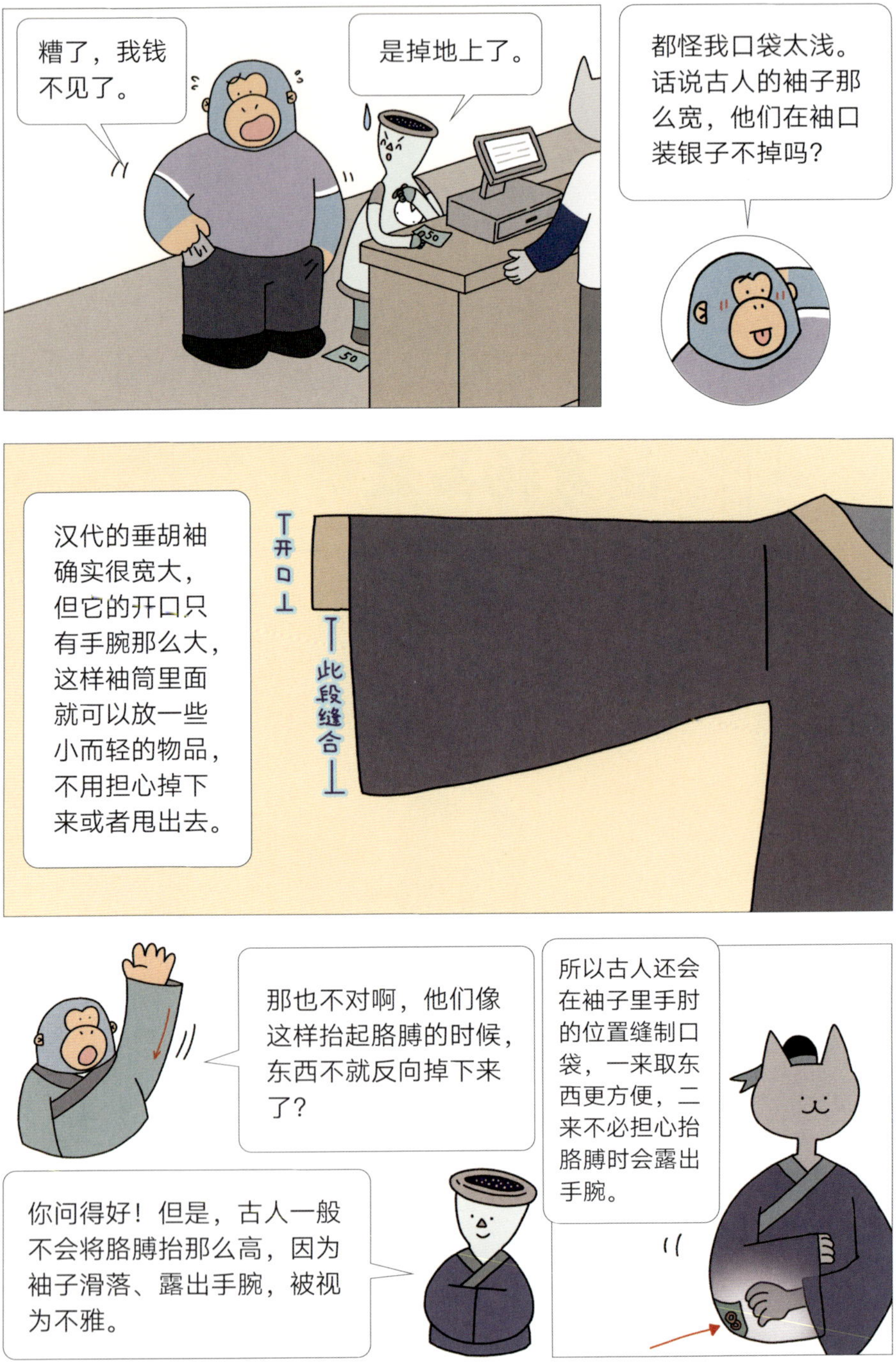

汉代的垂胡袖确实很宽大，但它的开口只有手腕那么大，这样袖筒里面就可以放一些小而轻的物品，不用担心掉下来或者甩出去。

开口

此段缝合

那也不对啊，他们像这样抬起胳膊的时候，东西不就反向掉下来了？

所以古人还会在袖子里手肘的位置缝制口袋，一来取东西更方便，二来不必担心抬胳膊时会露出手腕。

你问得好！但是，古人一般不会将胳膊抬那么高，因为袖子滑落、露出手腕，被视为不雅。

东晋医学家葛洪所作的《肘后备急方》，其中的"肘后"二字就是说这本书非常小巧，可以放在肘后口袋里。

不过，古人也不是将小物件全装在袖子里，他们还会在腰带上挂钱袋、荷包，甚至刀剑呢。

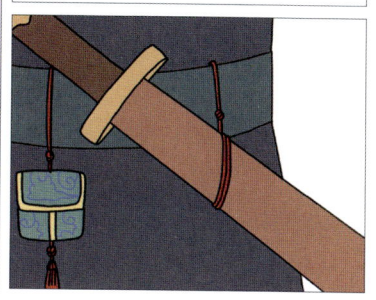

我知道！《后宫·甄嬛传》里，果郡王不小心掉到地上的嬛儿的小像就是从荷包里掉出来的！

褡裢是一种长方形口袋，中间开口，两头缝合，一般挂在腰带上或搭在肩上，通常用来装纸笔、墨盒、信封信笺、地契文书等。

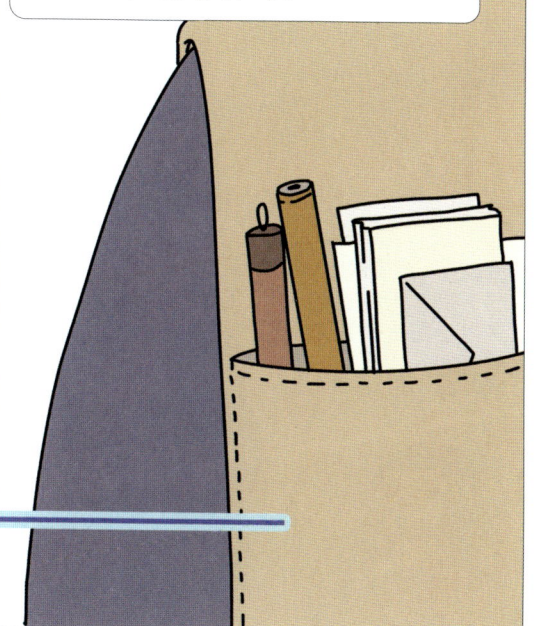

商人和算命先生还会用一种叫"褡裢"的东西装随身物品。

- 那他们怎么装更大、更重的随身物品呢？

- 古人用专门的行囊来携带稍大一些的随身物品，式样就像咱们用的帆布包。

- 古代行囊以方形、圆形为主，多用牛皮、羊皮、帆布或锦缎等材质制作，里面可装一些必需品，如食物、水壶、梳子、药品等。

北宋陶谷的《清异录》中有记载：

> 唐季，王侯竞作方便囊，重锦为之，形如今之照袋。

- 我懂了，"囊中无物""锦囊妙计"这些词就是这么来的吧！

- 我还有一个疑问，古人是从什么时候开始不在袖子里藏东西的？

- 清朝出现了带有口袋的衣服，衣袖藏物才逐渐被放弃。

- 不过，不管古代还是现代，东西存放在哪里不重要，悉心保管好才重要。

没有线上支付，古人花银子怎么找零？

大宋大侠

— 不用找了。

— 古代大侠可真豪迈啊，花钱都不找零。

— 假的！古人到饭馆吃饭，一般不会付这种银锭。

— 银锭主要有十两和五十两这两种铸造规格。在宋代，十两的银锭折合现在的人民币约八千元。五十两的银锭折合人民币约四万元。

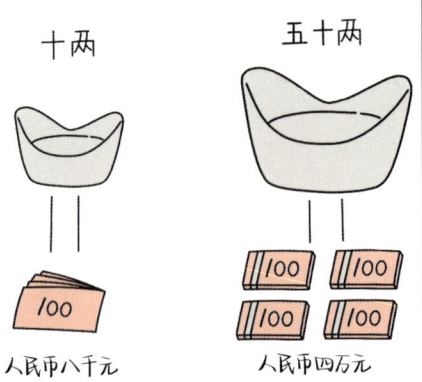

十两 —— 人民币八千元

五十两 —— 人民币四万元

— 古人下个馆子哪能吃到几千上万块，还不找零?!

— 那古人怎么花银子，又怎么找零呢？

古人平时最常用的是碎银子，它的面值比银锭小很多。碎银子有大有小，重量不一，不像银锭的规格是标准化的。使用碎银子需要精确称重，也涉及找零。

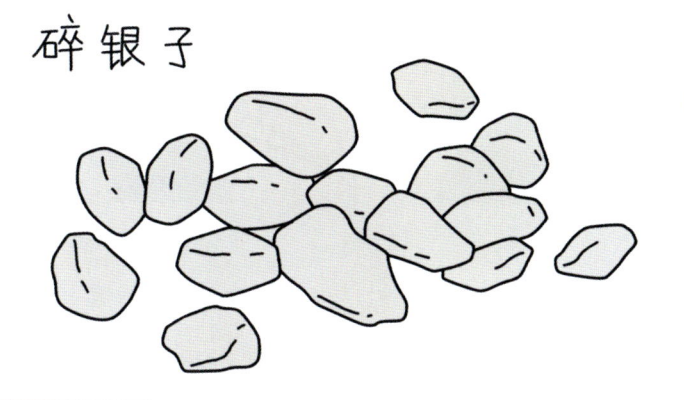

碎银子

七两

五两

一两

古人用碎银子，一般随身携带两样东西：剪刀和戥子。剪子用来剪下碎银子，戥子用来精确称重。

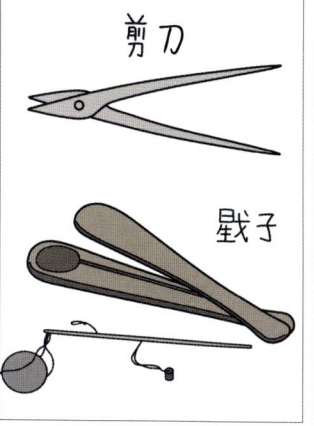

剪刀

戥子

戥子是一种精确度极高的小秤，可以精确到厘，一厘大约是31.25毫克。

1厘

这也剪不断啊？！

银项链

89

古代剪银子用的剪刀是钢制大夹剪，它的夹口很小，夹臂很长，一般需要一人固定银子、一人剪才能完成。

有时候甚至要将整个身体压在剪刀上，才能剪开银子。

腾空

这种钢剪不仅能将银子剪成碎块，还能剪断银簪子、银手镯，甚至银锭！

银簪子　银手镯　银锭

而且用它剪银子，还能靠银子的软硬度、茬口色泽来判断其中是否混入杂质，比如锡或铅。

锡　铅

厉害啦！好想拥有一把。

古人花钱其实是很"抠门"的，商家找零时，如果没有重量合适的碎银子，就得用等价的铜钱。

价值相同

古代经常花银子的人还会随身带一个蜡块,收集钢剪剪下来的银屑。

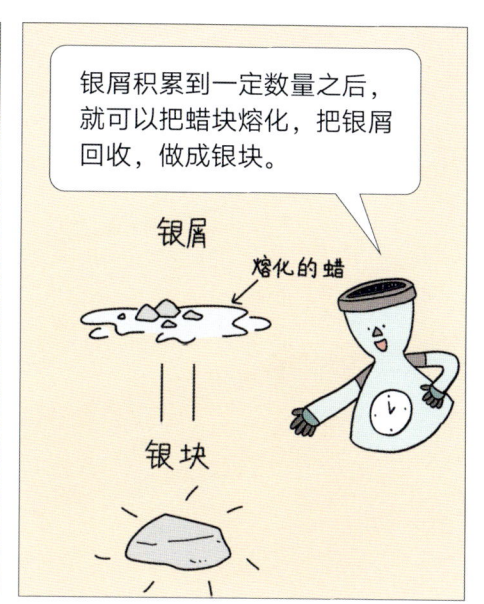

掂掂

银屑积累到一定数量之后,就可以把蜡块熔化,把银屑回收,做成银块。

银屑
熔化的蜡
银块

哈哈,想不到古人比我还"抠"!

没有国骂，
古人怎么吵架？

怎么了？

吵架吵输了！

学骂人还得找古人。

我要学习先进的骂人技术！

回家后，心有不甘，越想越气……

吵架时，手心冒汗、舌头打结。

古人骂人有创意、有文采，类型全面，今天常用的脏话大多起源于古代。

不服来战。

古代骂人——贬低身份型

"奴"是骂人常用的字眼。在古代这个词有着极强的轻蔑意味，从身份、精神上对人进行贬低。

虽然有些父母给孩子取乳名也会用这个字，图个贱名好养活，但只有亲属或好友能这么称呼。要是外人来说，那可就是不礼貌了。

阿奴乖。

我不是奴！

哟！阿奴！

《三国演义》中，张飞骂吕布"三姓家奴"，就是攻击后者为人善变、认了几个义父这一点。

而且突出了奴字，把吕布贬得低人好几等。

你三姓家奴！

好恶毒！

张飞

吕布

俺是弟弟。

吕布是奴才！

古代中原人民痛恨屡屡进犯边疆的游牧民族，也会用奴字"问候"。

匈奴

索头奴

唐代的安西节度使夫蒙灵察曾大骂高丽族名将高仙芝：

啖狗粪高丽奴！

安西节度使

*吃狗屎吧高丽奴！

古代骂人——人身攻击型

北魏大臣古弼身形瘦长，偏偏又生了个尖脑袋。此人生性刚烈，好直谏，太武帝称他“笔公”。
笔公，这是你弟弟吗？
古弼
太武帝
生起气来就骂他“笔头奴”。
这臭笔头奴！又提了这么多意见！

原来皇帝也爱给人起外号。
南朝宋暴君刘子业狂悖无道，骂起他父亲孝武帝来也直戳痛处——“齄奴”。
齄奴！
这个逆子！
齄（zhā），就是酒糟鼻子。

古代骂人——诅咒型

例句:"不没""无后"

"不没",就是不得好死的意思。在古代,这是一句侮辱性极强的骂人话,因为人都希望自己"寿终正寝""死得其所"。

啊啊啊啊啊不听不听!

我诅咒你不没!

"无后",用现在的话说就是断子绝孙。在追求子孙满堂、人丁兴旺的古代,这也是非常狠毒的咒骂。

家里人多才是福,那些无后的人真可怜啊!

古代人普遍迷信,骂人加上诅咒,仿佛注入了一股"超自然"力量,攻击力大增。

@#¥……%%

@¥#*&+

骂人:攻击力+30

诅咒:攻击力+70%

不仅让人气气,还会让人怕怕。

古代骂人——动物类比型

"衣冠禽兽"一开始指衣服上绣着禽类和兽类的官员。到了明朝中晚期,宦官当权,官员声名狼藉,这个词也开始有了贬义,一直延续至今。

唐代的宋之问诗写得好,但为人品行极糟糕,于是被骂"畜吐人言"。

近乡情更怯,不敢问来人。

宋之问

这个人渣竟然能写出这种好诗,真是畜吐人言。

明清话本小说如实记录了许多民间脏话,像《水浒传》这种小说,角色多为市井粗人和豪放大汉,必然脏话满天飞。

%^*+小猢狲!

王婆　郓哥

老猪狗!害死我哥哥!

武松

鲁智深把"鸟"字挂嘴边。

鸟人

鸟大汉

鸟婆娘

做什么鸟乱

打什么鸟紧

鲁智深

就连出家当和尚，天天吃素、没滋没味，他都气得抱怨：

嘴里淡出个鸟来！

哎呀呀，罪过罪过。

古代骂人——经典国骂

最经典的还是齐威王一句"叱嗟，尔母婢也！"

你妈是个下等人！

齐威王

"他妈的"这句"国骂"，也是由此衍生的。

> 最先发明这一句"他妈的"的人物，确要算一个天才——然而是一个卑劣的天才。
>
> ——鲁迅

说话不带妈
文明你我他

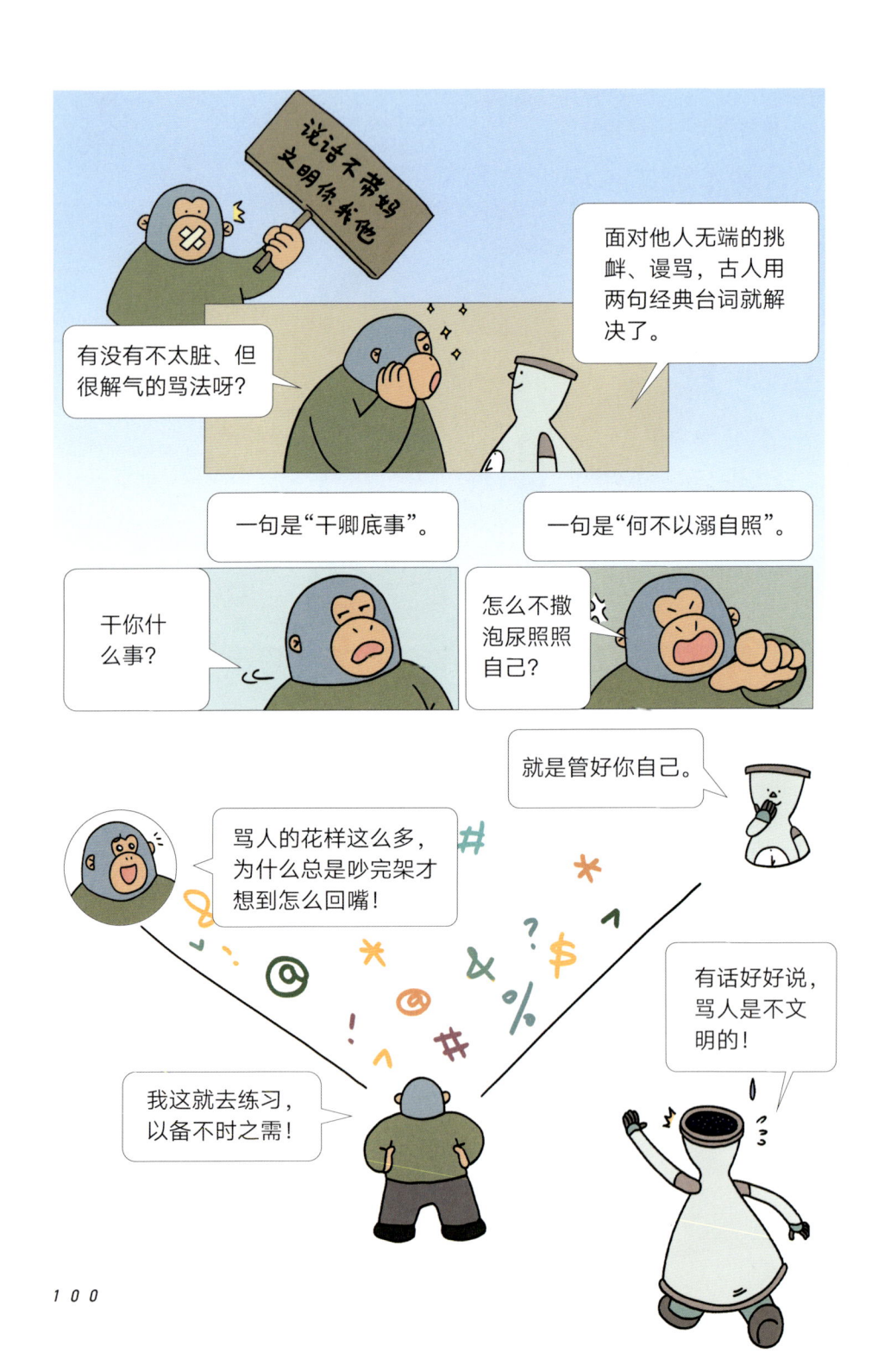

面对他人无端的挑衅、谩骂，古人用两句经典台词就解决了。

有没有不太脏、但很解气的骂法呀？

一句是"干卿底事"。

一句是"何不以溺自照"。

干你什么事？

怎么不撒泡尿照照自己？

就是管好你自己。

骂人的花样这么多，为什么总是吵完架才想到怎么回嘴！

有话好好说，骂人是不文明的！

我这就去练习，以备不时之需！

没有眼镜，古人近视了怎么办？

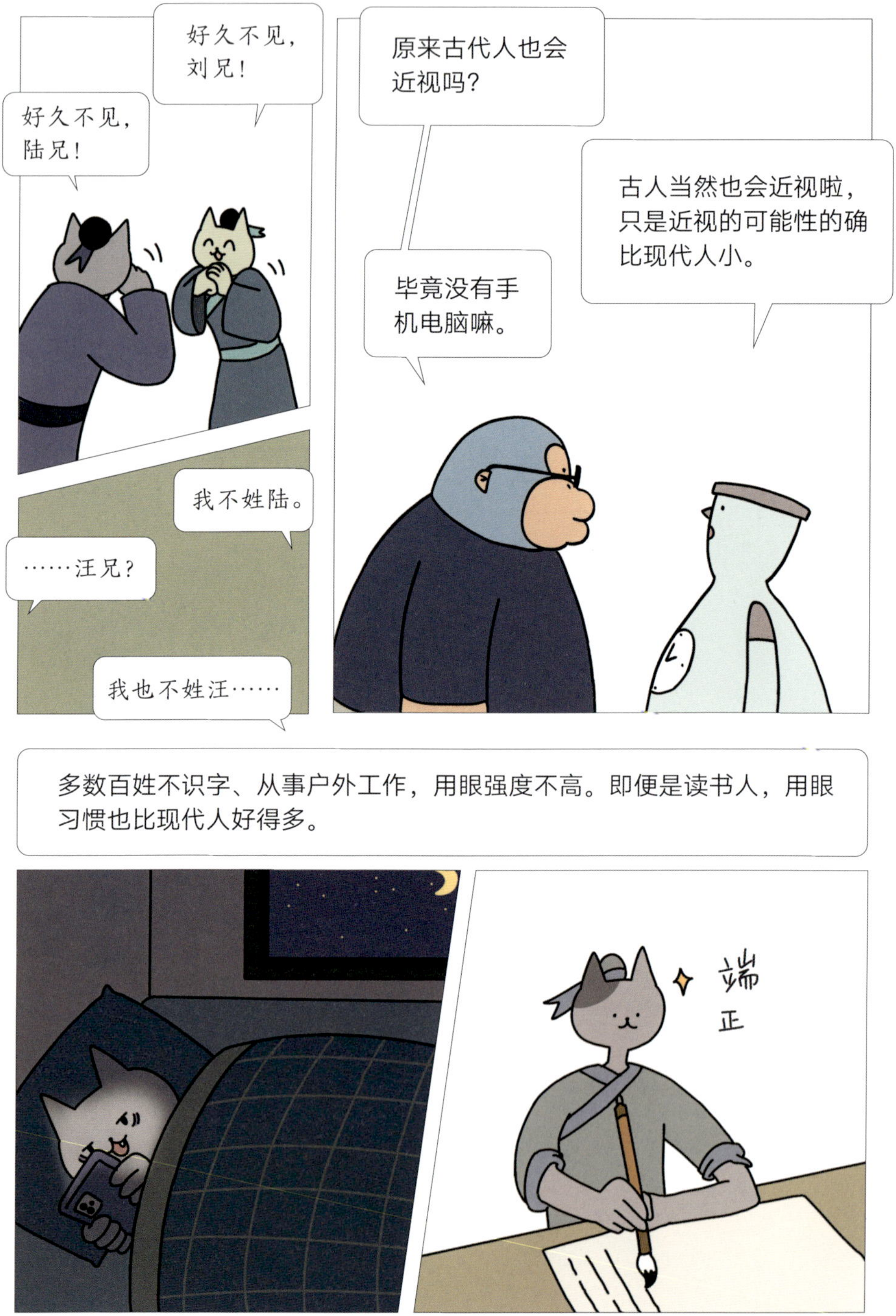

好久不见，刘兄！
好久不见，陆兄！
我不姓陆。
……汪兄？
我也不姓汪……
原来古代人也会近视吗？
毕竟没有手机电脑嘛。
古人当然也会近视啦，只是近视的可能性的确比现代人小。
多数百姓不识字、从事户外工作，用眼强度不高。即便是读书人，用眼习惯也比现代人好得多。
端正

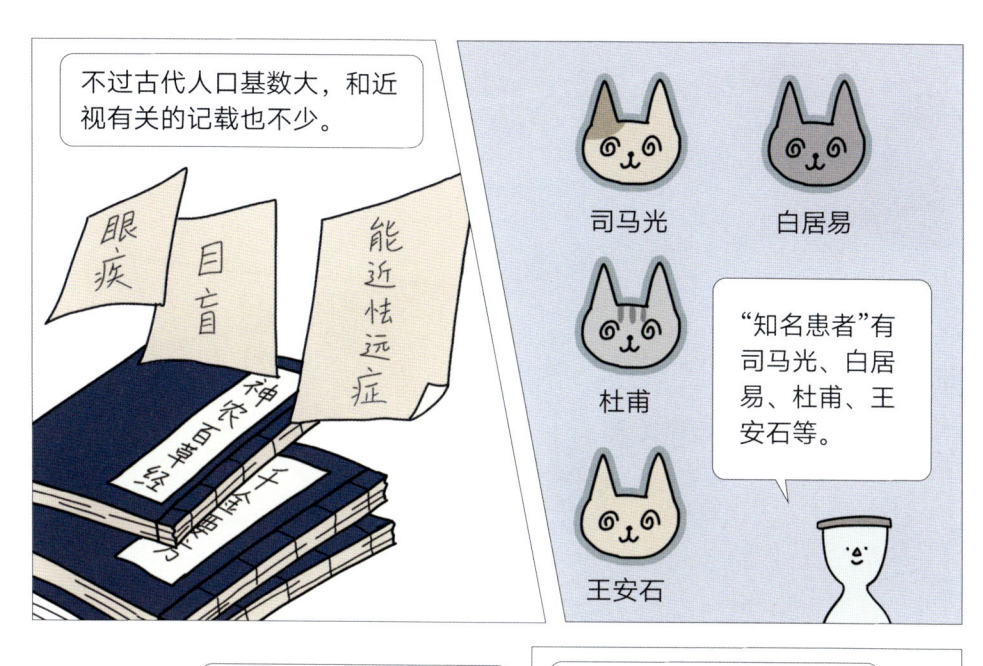

不过古代人口基数大,和近视有关的记载也不少。

眼疾　目盲　能近怯远症

"知名患者"有司马光、白居易、杜甫、王安石等。

司马光　白居易　杜甫　王安石

居然有这么多名人都近视!那古人近视了怎么办?

在南宋以前,多数近视的人只能选择凑近看,或靠人力解决。

看不清啊……

凑近

古人的方法还不少。

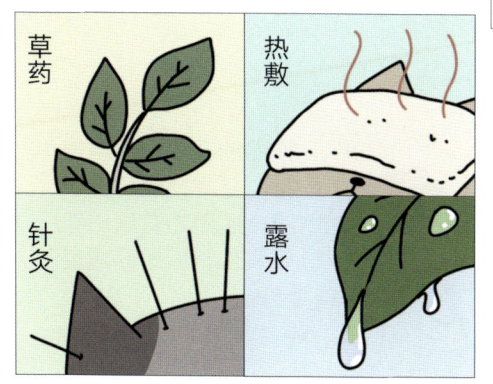

草药　热敷　针灸　露水

不过,别忘了和近视有关最重要的工具。

眼镜！古代就有眼镜了吗？

叆叇用高透明度水晶、象牙、金丝等制成，厚度与重量惊人，而且非常昂贵。基本上只有官员会在阅读卷宗上的超小文字时使用。

古代也有眼镜，早在东汉就有了能放大物体的凸面透镜，北宋时更出现了外观接近现代眼镜的"叆叇"(ài dài)。

元明时期，源自欧洲的现代眼镜传入中国。尽管价格不菲，眼镜仍在王公贵族之间和富庶的江南地区流行了起来。

客官，您看这套眼镜怎么样？五十两银子童叟无欺！

等等，这眼镜没有镜腿？

早期的眼镜都是手持镜，是举在眼前使用的。后期才发展出脑后系带、额托等固定形式。

"双照"可折叠式水晶片老花镜(元)

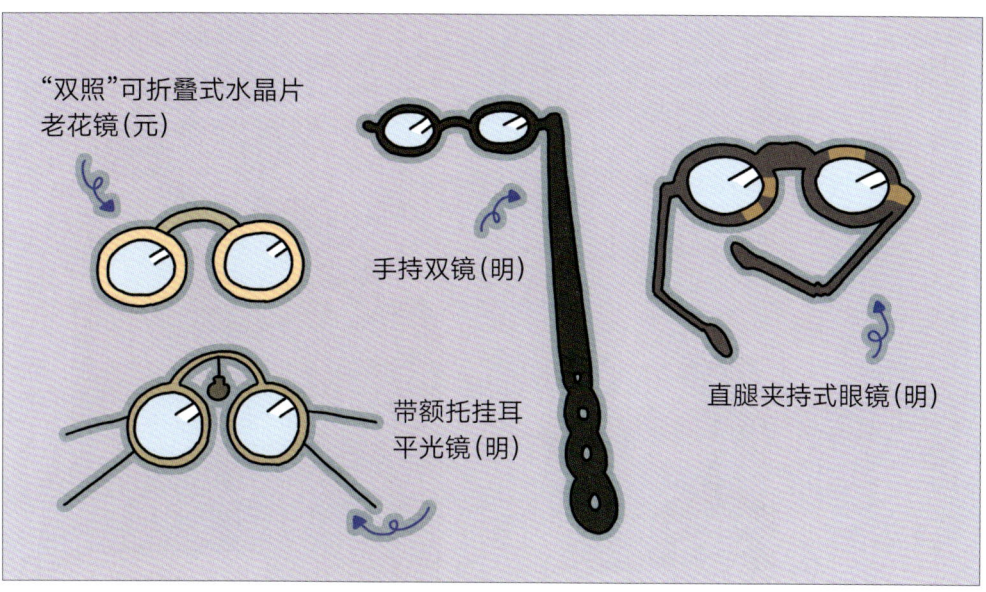

手持双镜(明)

带额托挂耳平光镜(明)

直腿夹持式眼镜(明)

有没有三百度的眼镜？

这时的眼镜可没有度数一说。

要等到明末清初，器械制造家孙云球掌握磨片对光技术，并研发出低成本的镜片研磨机，眼镜才有了多种客制化选择。

对光技术

镜片研磨机

清朝时期，眼镜的使用更加普及。雍正皇帝就是不折不扣的眼镜控，收集了镜片颜色不一的近百副眼镜，甚至为每个时辰都打造了专属眼镜。

我也要来一副！

没想到雍正皇帝还挺时尚。

同时，在民间眼镜作坊兴盛，眼镜的价格大跳水。即便是普通人家，攒攒钱也能购置得起。

记得定时复查视力哦。

没有空调，古人夏天怎么消暑？

热死我了。

冰箱

夏天简直不让人活，没有空调和冰箱的夏天可怎么过！

谁说不能活？古代人没有冰箱、空调，还不是照样过夏天。

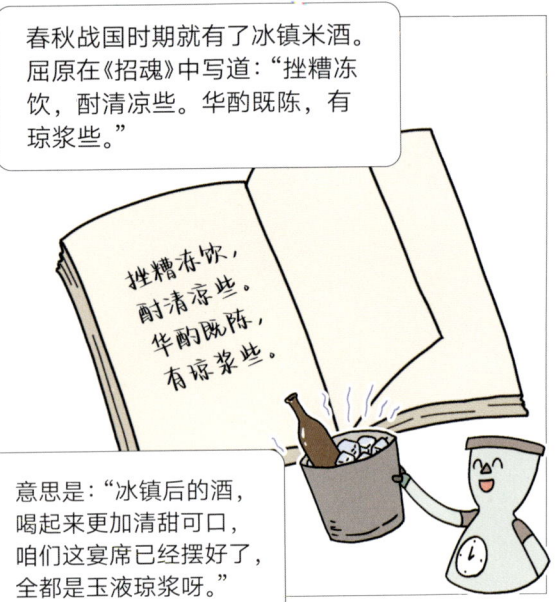

对啊！那他们夏天怎么解暑？

春秋战国时期就有了冰镇米酒。屈原在《招魂》中写道："挫糟冻饮，酎清凉些。华酌既陈，有琼浆些。"

古代是有冷饮的。

挫糟冻饮，酎清凉些。华酌既陈，有琼浆些。

意思是："冰镇后的酒，喝起来更加清甜可口，咱们这宴席已经摆好了，全都是玉液琼浆呀。"

宋代的时候更是出现了雪泡豆儿水、姜蜜水、木瓜汁、沉香水、荔枝膏水、金橘团、雪泡缩脾饮、紫苏饮、白醪凉水、绿豆水、卤梅水、江茶水、五苓散、雪泡梅花酒……

停！你这是在报菜名吗？听着就馋。

可以看出来宋代冷饮种类很丰富，宋孝宗还曾经因为吃冷饮太多拉肚子呢。

在元代，游牧民族的统治使得奶制品的使用频率大大增加，冰激凌也就出现了。

元好问的《续夷坚志》中记载："冬月结小冰子如芡实，圆洁如一耳郑之珠。……盛夏以蜜浆调之，如真珠粉然。"

不许拍！

呃，什么意思？

简单来说就是在冬天时将冰冻成芡实大小的圆球，来年夏天添加调和的蜜水，制成冷饮。

冰球

为了保守冰激凌制作工艺的秘密，元世祖还颁布了一道除王室外禁止制造冰激凌的敕令。

敕令
禁止私造冰激凌
签发人：忽必烈

好超前的专利保护意识！那外国的冰激凌是怎么出现呢？

冰激凌的制作工艺后来外传了。

意大利旅行家马可·波罗离开中国时，元世祖把冰激凌的配方传给了他，让他带回意大利。后来，冰激凌又传到了法国、英国和美洲大陆。1851年，美国人创办了第一家冰激凌厂，这种冷饮开始进入寻常人家。

哇！谢谢！

元世祖

马可·波罗

来都来了，这份冰激凌配方你带回去吧！

原来如此，我们的祖先才是冰激凌的发明者啊。你继续讲。

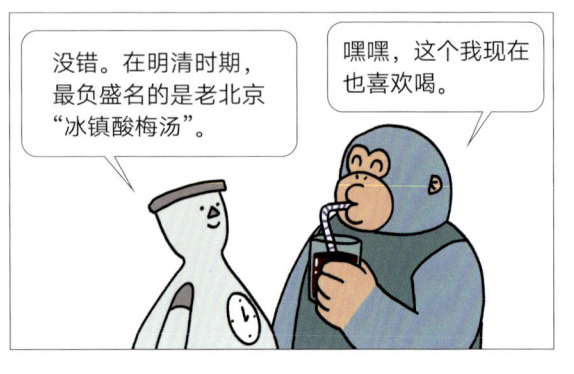

没错。在明清时期，最负盛名的是老北京"冰镇酸梅汤"。

嘿嘿，这个我现在也喜欢喝。

来，把这大补汤喝了。

我想喝酸梅汤！

《红楼梦》中就出现过酸梅汤的身影。第三十四回中，贾宝玉挨打后，老太太给的一碗调养身子的汤，只喝了两口，却一心想喝清凉的酸梅汤。

老太太

贾宝玉

看来我和贾宝玉口味一样。

等等，但是古代夏天的冰是哪里来的啊？古人又没有冰箱。

根据考古发现，在大约四千多年前，人们就建造"凌阴"设施用来保存冰块了。这"凌阴"就是藏冰洞。

凌阴

古人获取冰块的途径，大致分为藏冰和制冰两种。

具体来说，就是在每年冬天最寒冷的时候采集冰块，然后运送到提前准备好的阴凉的洞穴中。

可是就算这洞再阴凉，夏天冰块也会热化吧。

藏冰不是把冰块放进洞穴这么简单，要先在洞穴的底部铺上一层厚厚的新鲜稻草或者芦席，然后再把冰块放上去。

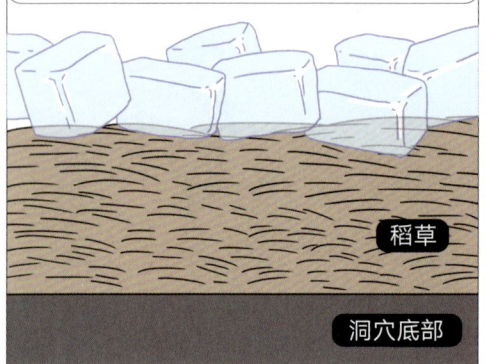

稻草

洞穴底部

每放一层冰块，还会再盖上一层稻糠、树叶或麦穗，用来进行隔离保温。

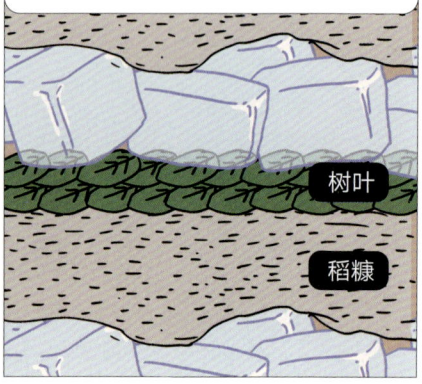

树叶

稻糠

这种藏冰的方法，当然不能完全阻止冰块融化，因此，为了保证来年有充足的冰块享用，一般都会在冬天多存一些冰。

确实也只能这样了。

随着时代的发展，藏冰技术也相应提高。比如在隋唐时期，冰井开始成为主流的储冰方式。

藏冰是古人在夏天享用冰块的最重要途径之一，一直到民国时期，这种藏冰方式依旧存在。

除了藏冰，还有吗？

还有硝石制冰法,其最早出现在唐代。因为唐代人口剧增,为了满足人们夏日的冷饮需求,就需要一种新的方式来增加冰块的数量。

当时的人们在开采火药的过程中无意发现,硝石溶于水时会迅速且大量吸收水中的热量,还能让水结成冰,因此,就有了硝石制冰法。

水+硝石　　冰

硝石又称硝酸钾,呈无色、白色或灰色结晶状,也有的是白色粉末状。硝石制冰法的原理是利用硝石吸收热量、降低水温,从而使水凝成冰。而且,制冰的硝石还可以重复利用。

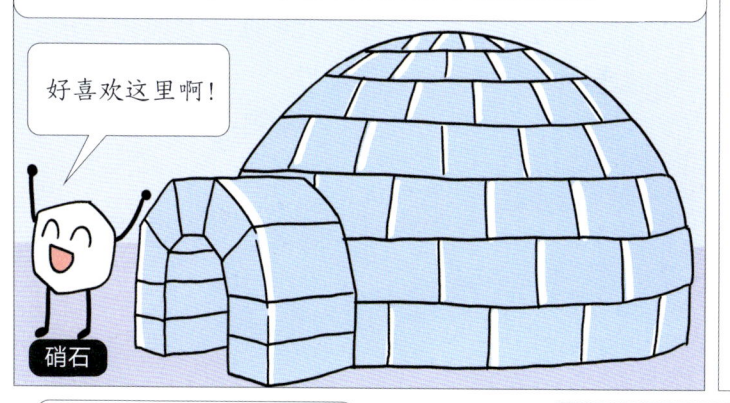

好喜欢这里啊!

硝石

冰块是有了,那古人怎么冰镇冷饮啊?

这就要介绍一下冰鉴了。

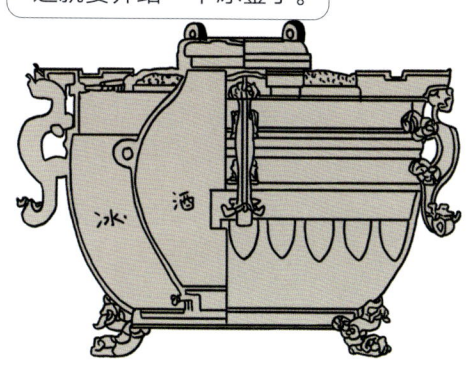

冰鉴是一个盒子形状的东西,内部中空,把酒或食物盛入尊缶,然后把冰放在尊缶外层就可以了。这就相当于古代的一个小冰箱。

这样说来，冰箱是解决了，但没有空调，日子还是很难过啊。

古人很早就开始通过建筑设计来降温了。

那个时候当然没有空调、风扇、电冰箱这些设备，所以古人们想到改造居住环境，建造一个类似空调房的空间来避暑，也就是"夏房"。

早在秦汉时期，就出现了窟室、凉房、冰室等空间。每到炎热的夏日，贵族们就在这里饮酒作乐。

到了唐代,宫中还建有专供夏天避暑用的凉殿。凉殿一般临水而建,殿中安装传动的制冷设备,利用扇轮转摇,产生的风力将冷气送到殿内。

听着真不错,还不用手动。

古人为了让纳凉更有诗意,还利用水车把冷水送到屋顶,再让水顺着屋檐流下来,形成人造的瀑布,这样产生的凉气也可以达到降温消暑的目的。

宋代凉殿不但以风轮送冷水和凉气,而且还在蓄水池上和大厅四周摆设各种花卉,使芬芳满室,堪称"空气净化版空调房"。

那古代的平民百姓怎么消暑呢？他们又没有那么多冰，也没有专门建的夏房。

当然没有贵族这么奢侈，但可别小瞧古代百姓的智慧。

他们一般会在地上挖出深井似的洞，夏天把洞口的盖子打开，凉气就会冒出来。

其实这样看来，古人消暑更顺应自然，现在的方式反而危害自然。

科技的快速发展难免带来一些消极影响，我们能做的就是把消极影响降低，在生活中尽力做到环保。

普普猩？你在家吗？为什么不开灯。

你懂什么，这叫环保，我把家里所有电器都拔了。

……

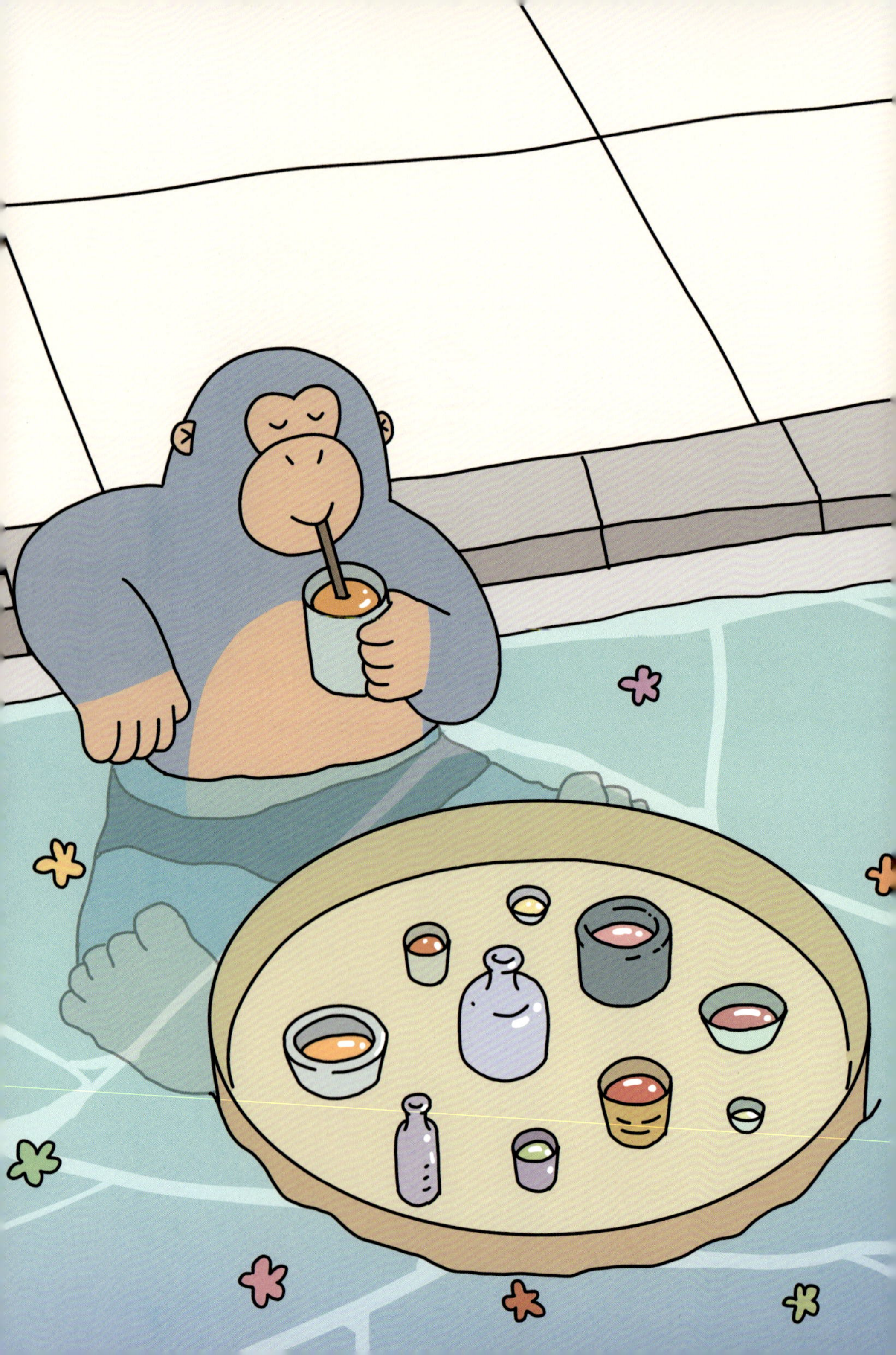

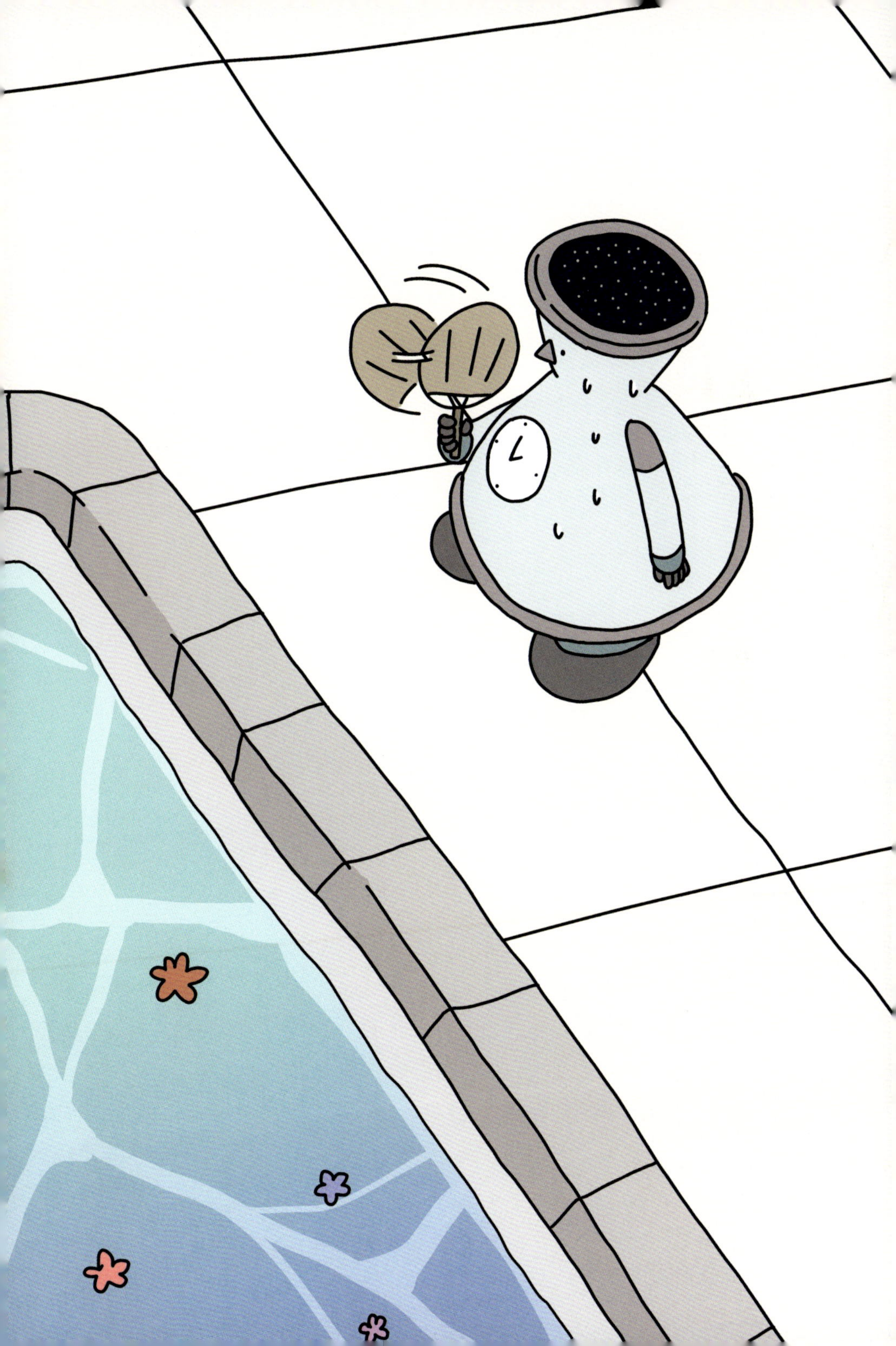

手插米缸
为什么让人上瘾?

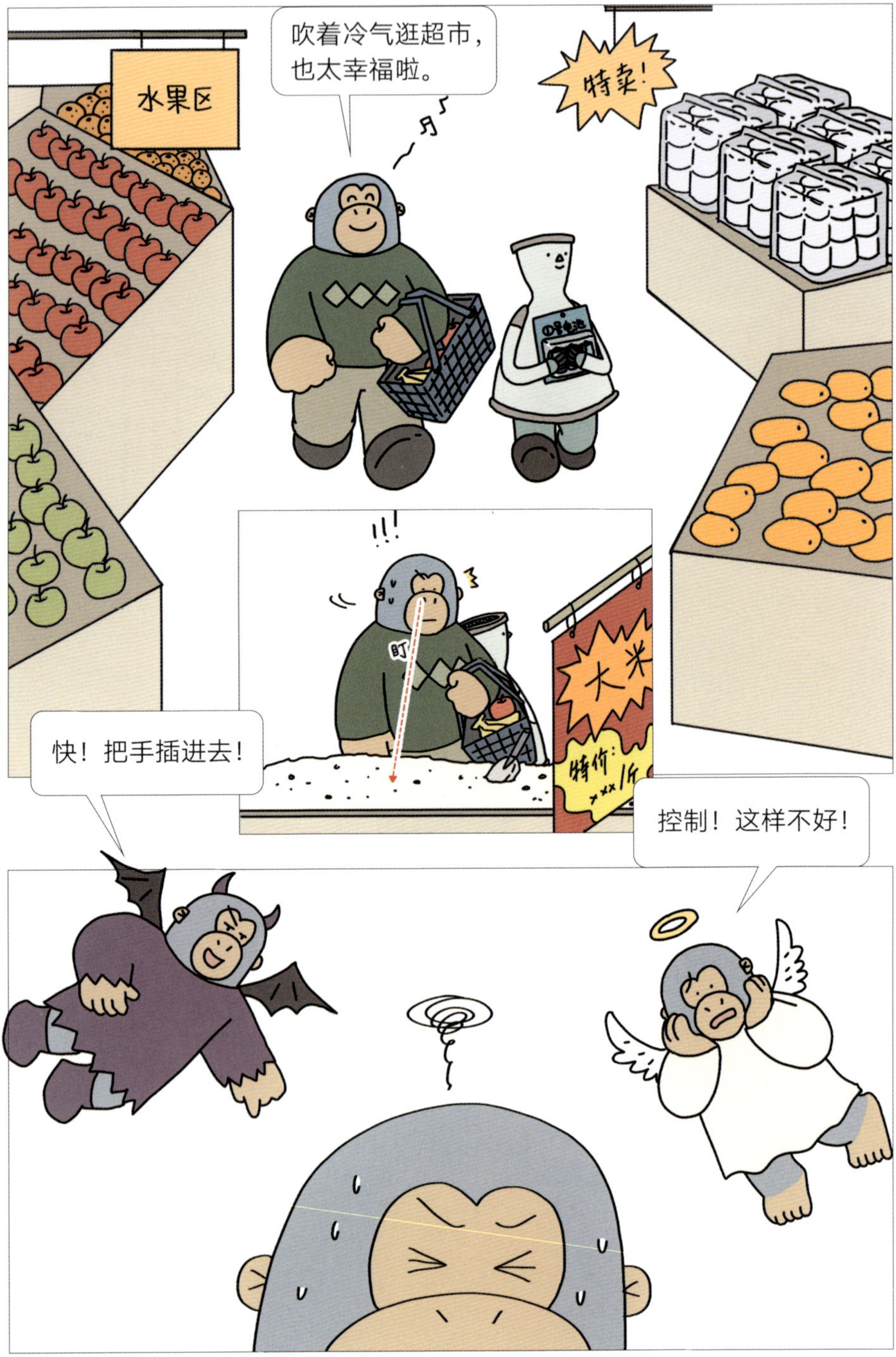
水果区
吹着冷气逛超市，
也太幸福啦。
特卖！
!!!
盯
大米
特价
×××/斤
快！把手插进去！
控制！这样不好！

我控制不住啊！
普普猩，你又这样！
快把手拿出来！
大米
特价：
xxx/斤

把手插进米缸为什么
这么舒服？太让人欲
罢不能了……
确实也不能怪你，
这是有科学道理的。
试问谁不想！

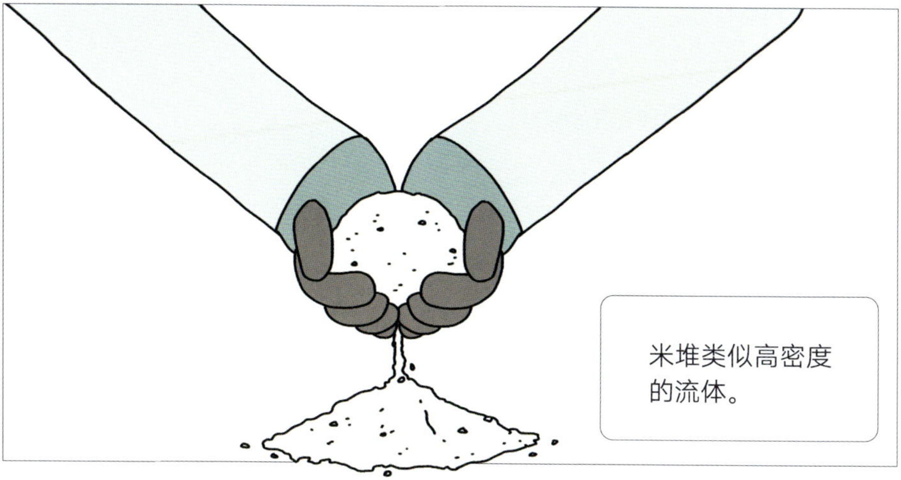
米堆类似高密度
的流体。

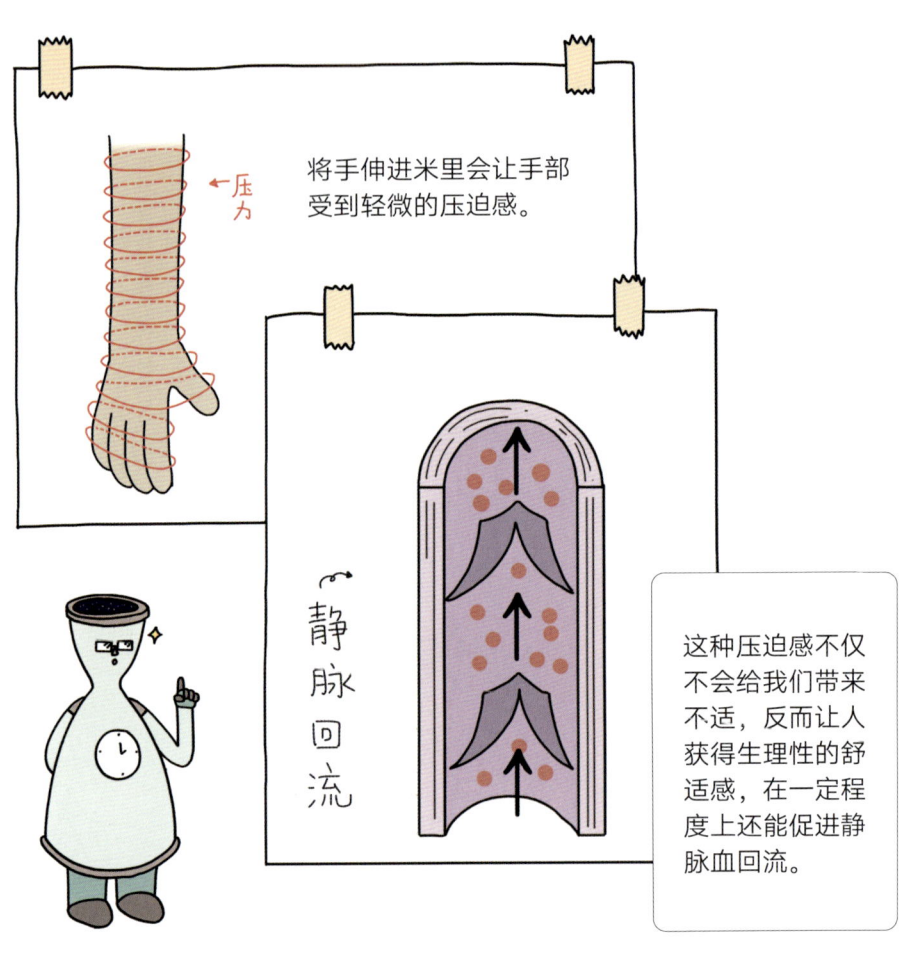

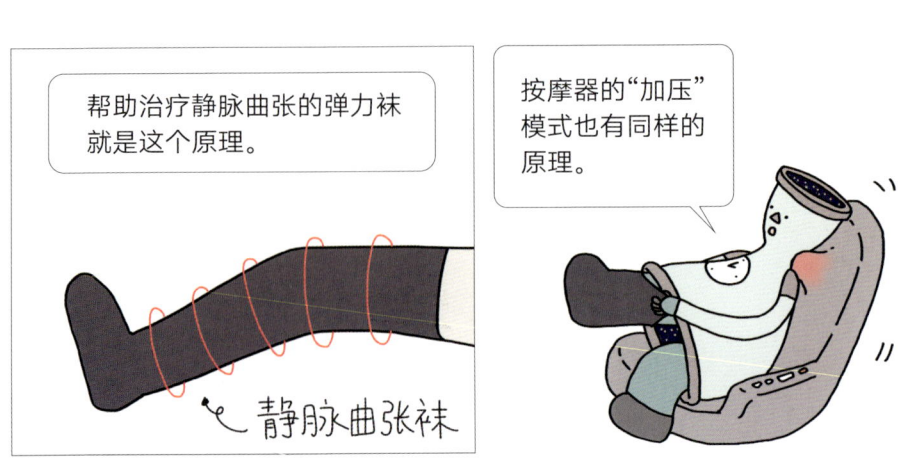

将手伸进米里会让手部受到轻微的压迫感。

←压力

静脉回流

这种压迫感不仅不会给我们带来不适，反而让人获得生理性的舒适感，在一定程度上还能促进静脉血回流。

帮助治疗静脉曲张的弹力袜就是这个原理。

静脉曲张袜

按摩器的"加压"模式也有同样的原理。

懂了，原来大米是在给我做按摩。

而且，大米的导热系数一般大于空气的导热系数。

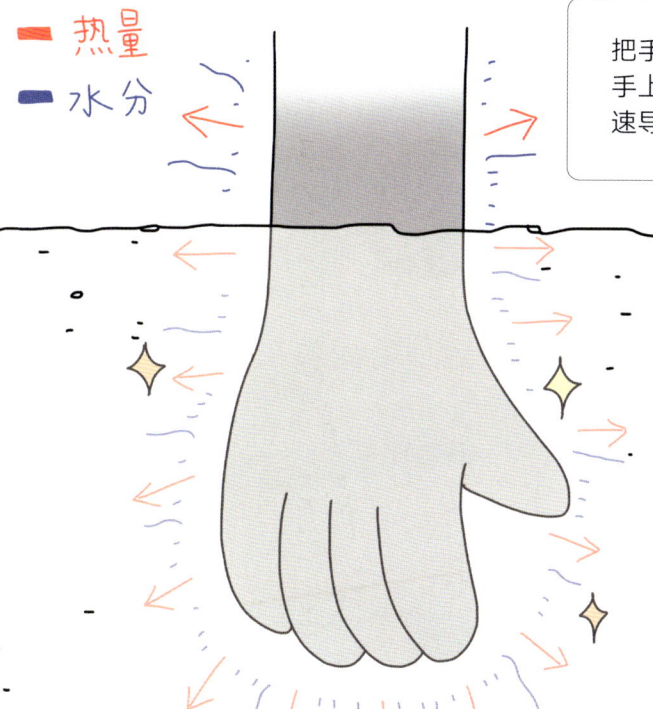

― 热量
― 水分

把手伸进大米里，手上的热量会被迅速导走。

大米还会吸附水分，吸走手上的汗。

怪不得我的猩猩火焰掌变得清爽舒适！

这是因为大米有流动性，可以用手抓、揉、捏、压，具有减压效果。

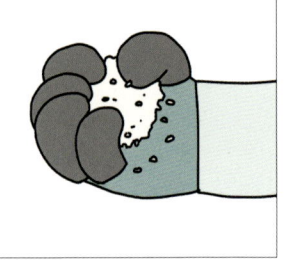

还有，你的手在米缸里的时候，是不是还会做些小动作……

压　捏

我的减压球就是这样！

还有个小疑问：为什么其他粮食的手感都略微逊色于大米呢？

大米的性质是很独特的。

手感一流!!　大米

手感一般　黄豆

手感一般　燕麦

Round 1

燕麦等谷物密度较低，压力不够大。

优胜 大米 | 燕麦

Round 2

豆类过于光滑，不像大米具有一定吸水性，带来清爽感。

吸水性

大米 **优胜** | 豆类

Round 3

圆形或混合颗粒的粮食空隙较大，无法很好地包裹手掌。

大米（空隙小） **优胜** | 混合米（空隙大）

> 而大米可以做到光滑、致密，触感接近流体却依然具有明显的颗粒感……

> 一个光滑、密实、干燥、凉爽的米堆，简直是触觉盛宴。

> 就是就是！大米万岁！

> 即便如此，把手插进超市的米缸依然是不好的行为。咱们回家吧。

> 嗯！

回家后……

我插 插 我插

第三辑 极限职业

祖宗人在职场漂，不如江湖挨一刀

古代店小二的
技能点有哪些?

肠血粉羹、炸梅鱼、鼎煮羊麸……

不就是报菜名嘛，我也会啊！

在古代当个店小二是不是挺容易？都要干些啥？

客官，您里面请！

客人上门，店小二要在门前迎宾，要给客人安座问好。

您尝尝咱新上的肠血粉羹。

客人落座，店小二要立刻提瓶献茶、介绍菜单、斟酒布菜。

客官慢走，喜欢您常来！

客人要走，店小二要负责结算账目、送客出门、清席检场。

不过,他们还有一些额外的工作。

不辛苦,命苦。

有时,店小二为了赚些外快,会充当"外卖员"。

基本工作就够多了,怎么还要干额外的工作?

比如有些客人会要求店小二送一些菜肉到家里,店小二这时候就成了"外卖员"。

得嘞!

小二,送二斤肉到我家。

店二哥,我如今要行。二百钱在这里,烦你买一百钱爊肉,多讨椒盐。

买五十钱蒸饼,剩五十钱,与你买碗酒吃。

冯梦龙的小说《宋四公大闹禁魂张》里的一段情节,就取材自店小二兼职"外卖员"的现实生活。宋四公让店小二帮他去买吃的。

嗯嗯

宋四公

谢公子!

有五十钱的跑腿小费,够买二斤猪肉了,听起来还算不错。

隔壁店的老板赊了三十几顿饭没给钱了,小二,你去收账。

收到!

店小二有时还得充当催债人。有些客人来店里吃饭经常赊账,老板就会派店小二去催讨欠款。

虽然成功收回欠款时能拿到一点儿外快,但催债也有挨打的风险。

才欠了三十几顿饭钱,竟然来要账?给我揍他!

老板救命啊!

算了算了,那不赚这些外快了,只做那些基本工作应该挺容易吧?

不,单单报菜名这一项就很不容易。

古代饭馆很少使用菜单,即使有,一般也只挂出几个招牌菜。

煎鱼板　鱼兜子　豉汁鸡

所以,店小二就得牢牢记住菜名,方便给客人推荐。

小二,你们店里都有什么菜式?

每天店里有哪些菜,没有哪些菜,店里的主打菜、新菜分别是什么,店小二都要记在脑中。

来个四喜丸子吧。

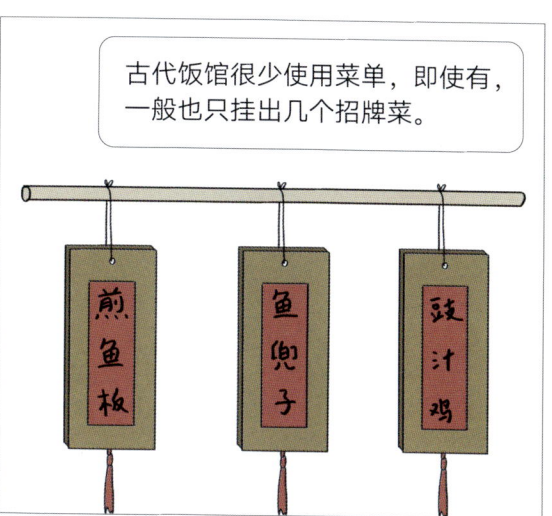

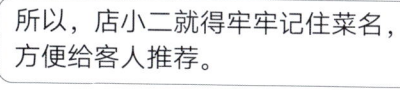

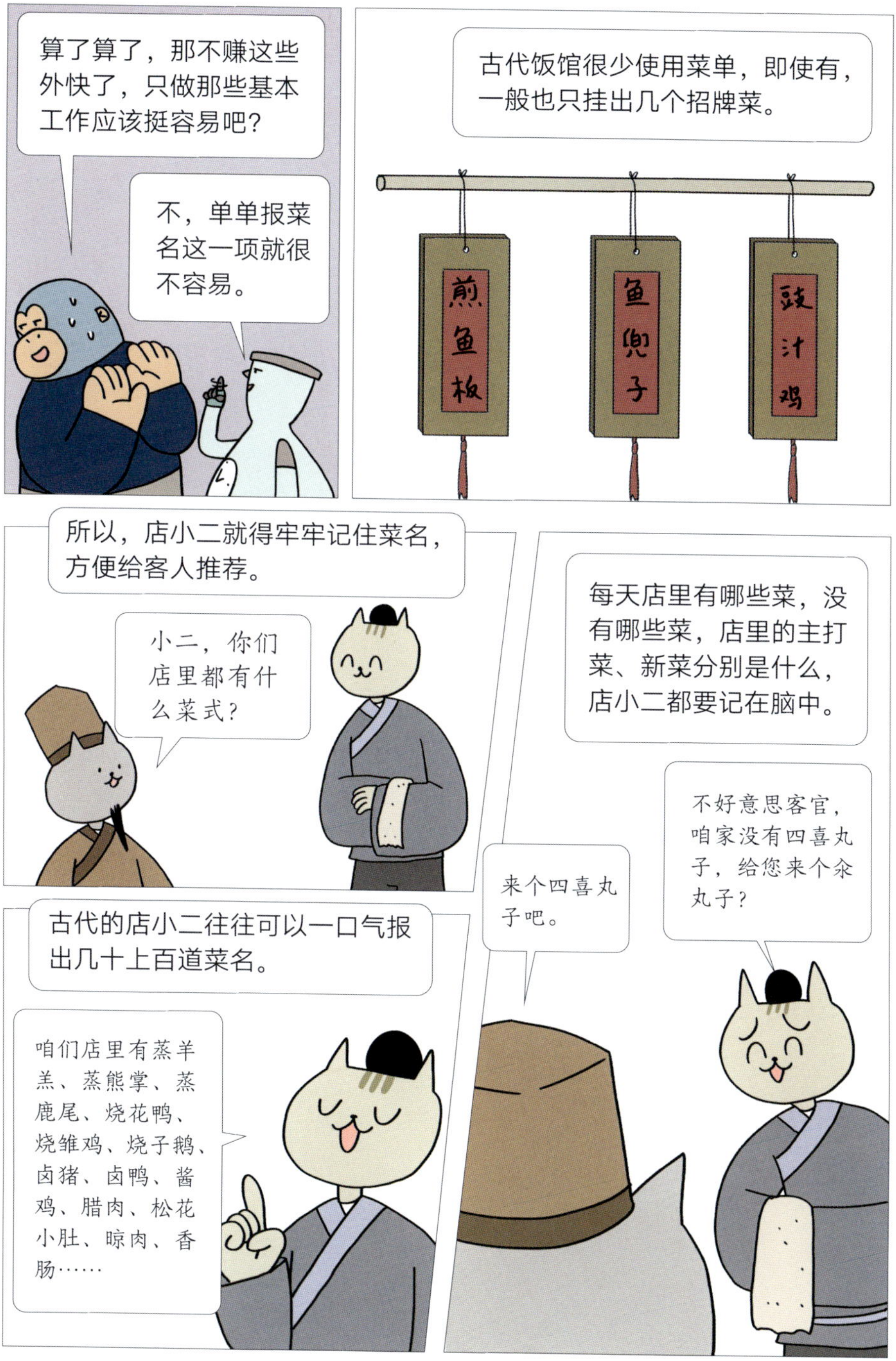

不好意思客官,咱家没有四喜丸子,给您来个仝丸子?

古代的店小二往往可以一口气报出几十上百道菜名。

咱们店里有蒸羊羔、蒸熊掌、蒸鹿尾、烧花鸭、烧雏鸡、烧子鹅、卤猪、卤鸭、酱鸡、腊肉、松花小肚、晾肉、香肠……

此外,店小二还要记住客人点菜的具体需求。

比如,同样的菜,有人要热的,有人要冷的,有人要不冷不热的;有人要加瘦肉浇头,有人要加肥肉浇头。

我的别放肥肉。

我的菜要加热。

我的不要辣。

没问题!

店小二就必须将每个客人对每道菜的要求全部记下,倘若出了差错被投诉,轻则被克扣工钱,重则卷铺盖回家。

这个月已经有三个人投诉你上错菜了!你被开除了!

而且,古代的报菜名也和现在不一样,要大声唱出来。

唱菜名?

《东京梦华录》就对店小二唱菜名进行了详细描述。

《东京梦华录》

行菜得之,近局次立,从头唱念,报与局内。

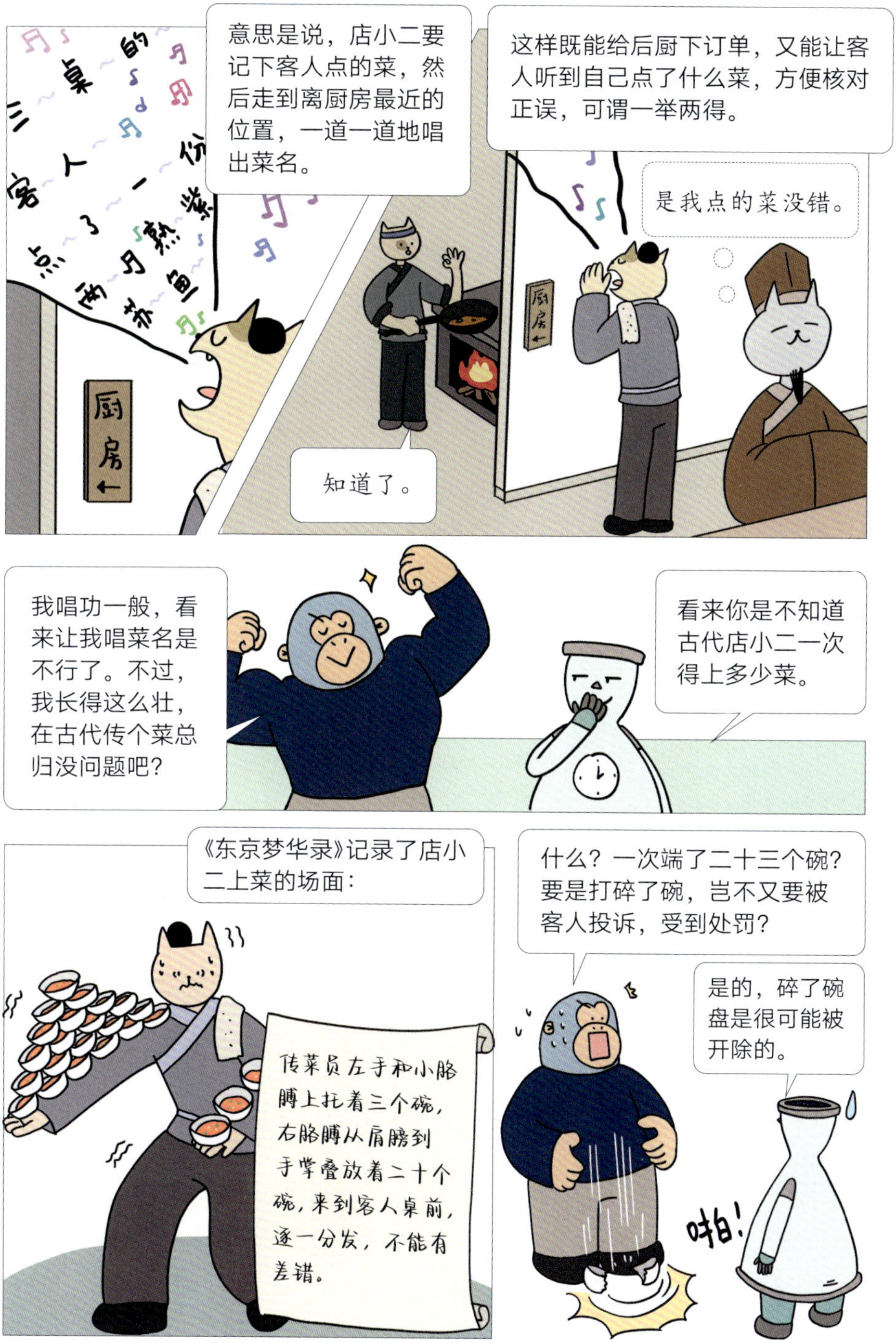

太难了吧。店小二包揽了这么多活儿,能拿多少工钱?

每个朝代店小二的收入情况都略有不同,但总体都不算高。

南宋小说《夷坚支志》写过,黄州市的崔三受雇于观风桥下一家小茶肆,每月工资不过一千钱。

也就相当于现在的人民币三百元左右。

小规模

小规模的酒肆、茶肆的店小二工作十分辛苦,收入微薄。而且,由于长期干重体力活,他们的手往往粗糙干裂。

大规模

规模大一些的客栈、酒楼分工更细致,将店小二分为不同的工种。

我迎宾。

我端茶。

我擦桌子。

但经营者常常克扣店小二的工钱,把钱拿去给客栈、酒楼打广告。

你今天右脚先进店的,扣你一天工钱。

?!!

店小二这么不好做,都是些什么人在做呢?

好侄儿。

一是店主的亲属。

二是一些抵罪逋逃的犯人。

三是家境贫寒的百姓。

其中,抵罪犯人做店小二尤为凄苦。

据《丹渊集》记载:"每一家须役工匠四五十人至三二十人者,此人皆是他州别县浮浪无根著之徒,抵罪逋逃,变易名姓,尽来就此佣身赁力。"

快走!茶肆等着你们过去干活呢!

一不如意,则遽相扇诱,群党哗噪,算索工直,偃蹇求去。

就是说，这群人做了杂役，一不如意就相互勾结，结算工钱辞职。

没用的东西！你还敢要工钱？

不过，古代店小二的存在，也为后世酒店业的管理方面提供了一些可借鉴的经验。

比如大型酒楼、客栈的店小二对货物进行仓储管理。

一，二，三，四……

客官，请您登记一下。

对来客进行登记等，就是酒店管理的早期雏形。

这是我的鱼符。

宋代实行符牌制度，过往人员住宿时必须有相应的旅行凭证。

好嘞，您请进。

为了客店安全，店小二要做符牌查验和登记工作，通过"店历"来记录住客的各项信息，进行管理。

这跟现代酒店的入住信息登记差不多。

店历	
姓名	猫男
入住时间	三月二十四日巳时
是否携带行李	是
离店时间	三月二十八日午时

店小二还真是神通广大！

古代赘婿婚后的待遇

娘，我不想倒插门！

儿啊，都怪咱家太穷了！呜呜呜……

对啊，不想入赘，不结婚不就行啦？

他看起来不太想入赘的样子。

在古代，一辈子不结婚不太现实。

为什么？

因为战乱导致人口锐减，所以各朝皇帝都很重视人口问题。

比如秦国商鞅变法规定：一家凡有两个以上的成年男子就必须分家，各立户头。

当时，如果家境富有，儿子长大成人后就跟爹妈分居，娶个媳妇。

至于穷人家,则会等儿子长大后,把他送给有女儿的人家做女婿,也就是入赘。

不结婚会怎么样?

会被要求加倍交赋税,原本就贫穷的家庭,日子将会更加艰难。

啥家庭会招上门女婿?

一种是没有男丁,只有女孩的家庭。

《西游记》里，猪八戒在高老庄扫地通沟，搬砖运瓦，筑土打墙，耕田耙地，种麦插秧，拼命干活，就是为了倒插门娶到高小姐。

招赘婿也保护了女方家庭的财产，防止被亲戚"吃绝户"。

第二种是入赘到夫亡子幼的寡妇家，做"接脚夫"。

接脚夫要帮寡妇打理家务、抚育子女、赡养亡夫的父母等，还不一定能获得妻家财产继承权。

为啥？

宋代法律规定，接脚夫是保长或者甲长时，才可拥有继承权。

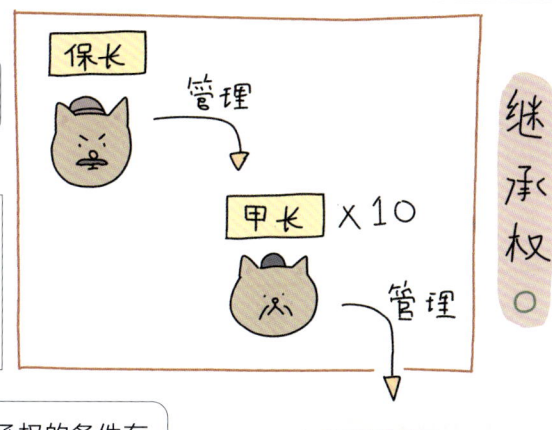

获得继承权的条件有点儿难实现啊。这种生活要持续多久？

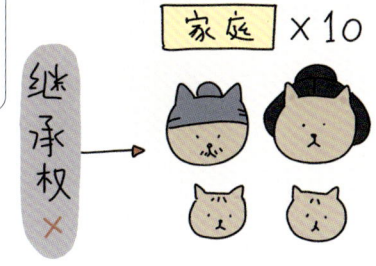

保长 管理 → 甲长 ×10 管理 →

继承权 ○

家庭 ×10

继承权 ×

147

这得看情况。

古代的赘婿有养老女婿和年限女婿两种。

养老女婿　年限女婿

养老女婿要终身生活在女方家，自己和儿女都要随妻家姓，不能再用本姓。

姓氏：白

姓氏：黑
白 ✓

努尔哈赤就是上门女婿。

他娶了富豪塔木巴晏的女儿佟佳·哈哈纳扎青为妻，在反明时，努尔哈赤对明朝便自称佟·努尔哈赤。

佟氏　佟·努尔哈赤

佟氏去世后，他才改回爱新觉罗姓氏。

佟氏墓　爱新觉罗

那年限女婿呢？

年限女婿则会在入赘时约定好期限。

到期后,男方可回归本家,称为"归宗"。但所生的孩子必须留在女方家。

年限女婿要在女方家待几年?

根据史料记载,最长的二十二年,最短的三年,大部分都是十年以上。

那他们入赘之后的生活咋样?

古代赘婿地位低下,入赘后,男子就成了生育工具和干活儿的苦力。

不仅在妻家经常受气,还有随时被扫地出门的风险。

《封神演义》中的姜太公，早年就曾做过倒插门女婿。

废物！

他因喜欢看书，干农活少，被妻子辱骂，甚至被赶出了家门。

并且，国家律法也歧视赘婿。

"云梦睡虎地秦简"中的《魏户律》记录了秦汉时期与赘婿相关的法规。

我是赘婿×××的曾孙

《魏户律》规定，赘婿不能单独立户、不能分田产，三代以内都不能为官，即使三代之后的后代做了官，也要贴上"赘婿后代"的标签。

能做"单身贵族"真幸福！

古代青楼女子为什么不逃跑?

> 这种地方为什么有的叫青楼，有的叫妓院？难道不一样吗？

> 青楼和妓院是有区别的。

青楼原本是指那些涂饰青漆的楼阁，居住者多为帝王和权贵。

自魏晋南北朝时期起，青楼专指女子居住的地方，唐宋以后，青楼才开始泛指女子卖笑的场所。

青楼女子一般都有一定的才华和技能，大多卖艺不卖身。她们会被安排单独的房间，还有丫鬟伺候。妓院就是我们平常所理解的那种地方，妓院的女子主要靠出卖身体赚钱。

古代著名才女鱼玄机、薛涛等人都曾是青楼女子。

上青楼的客人非富即贵,一次的花费也相当高。

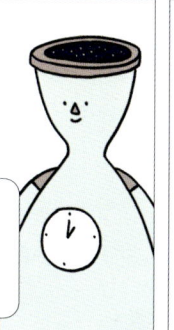

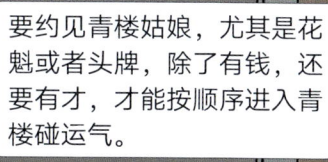

只要有钱就能约对吧?

不一定。

要约见青楼姑娘,尤其是花魁或者头牌,除了有钱,还要有才,才能按顺序进入青楼碰运气。

你不够格进。

碰运气?难道不是点名让姑娘出来迎接吗?

不,青楼的头牌姑娘是要挑客人的,而且有固定的环节。

第一轮叫骑楼赛诗。客人即兴创作诗词,再由丫鬟送到姑娘的房间,姑娘会根据诗词水平选中一些客人。

骑楼赛诗

第二轮叫打茶围。上一轮入选的客人围坐在一起品茗、吃点心，要展现自己对茶道的了解，以及给在一旁伺候的丫鬟仆役打赏。

姑娘会在打茶围的时候暗中观察客人的文化修养和财力，选一名中意的客人和她吟诗作对。到了这一步才算真正见面。

古代有很多文人墨客都喜欢去青楼寻找灵感，比如柳永、关汉卿、欧阳修等。

青楼门槛高，没有点儿才学真的进不去呀！

柳永的很多词就是通过青楼女子的传唱而火遍大宋，最后流传千古。

除了文人墨客，商人也会去青楼谈买卖；官员甚至皇帝会在青楼休闲娱乐、宴请宾客。因此，青楼也是重要的社交场所和信息集散地。

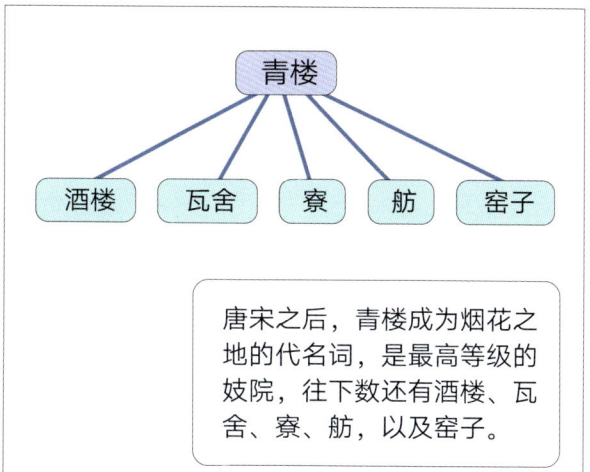

```
        青楼
  ┌──┬──┼──┬──┐
 酒楼 瓦舍 寮 舫 窑子
```

唐宋之后，青楼成为烟花之地的代名词，是最高等级的妓院，往下数还有酒楼、瓦舍、寮、舫，以及窑子。

青楼女子一般都是从哪里来的？

一般有三类来源。

第一类是战争中被俘的女人。

第二类是罪犯的女性家眷，她们经过挑选方可进入青楼。

第三类是被卖的女人。她们有的被父母所卖，有的被丈夫所卖，也有极少数是自卖自身进入青楼的。

都是可怜人啊。

进入青楼之后,她们的身份会变成奴籍,要接受严苛的训练。

青楼里的女子也分为不同的阶层。

书寓
长三
幺二
野鸡

第一阶层叫"书寓",要求年轻貌美,精通才艺,情商极高。

她们大多数都是卖艺不卖身,花魁或头牌通常就是从这一阶层里选出来的。花魁若是愿意,也可以被包养,价格极高。

王景隆

书寓苏三

京剧《玉堂春》里,王景隆看中名妓苏三,一年消费三万两白银,才得以独占花魁。

第二阶层的叫"长三"，也是有颜有才，虽然地位比书寓略低，但她们才是青楼最赚钱的一类人。

这一阶层的女子卖艺也卖身，不过一般只服务于一名贵客，也可以将她们视为达官贵人长期养在青楼里的专属情人。

长三

第三阶层的叫"幺二"，就是普通的烟花女子，年轻，有些许姿色，接待的都是寻常客人。

今日接待谁好呢？

幺二

第四阶层的叫"野鸡"，常常浓妆艳抹，在门口招揽客人，是青楼最底层的员工。

野鸡

不同阶层的青楼女子身价也不一样，头牌和花魁的价格更是高得离谱。

比如明末的陈圆圆，光是见她一面的费用，换算成人民币就要三千元左右。

蜡烛快烧完了,再聊得续费三两。

幺二的费用也不低,陪客人行酒令时以蜡烛计时,每烧完一支蜡烛要花三两银子,折合人民币一千多元。

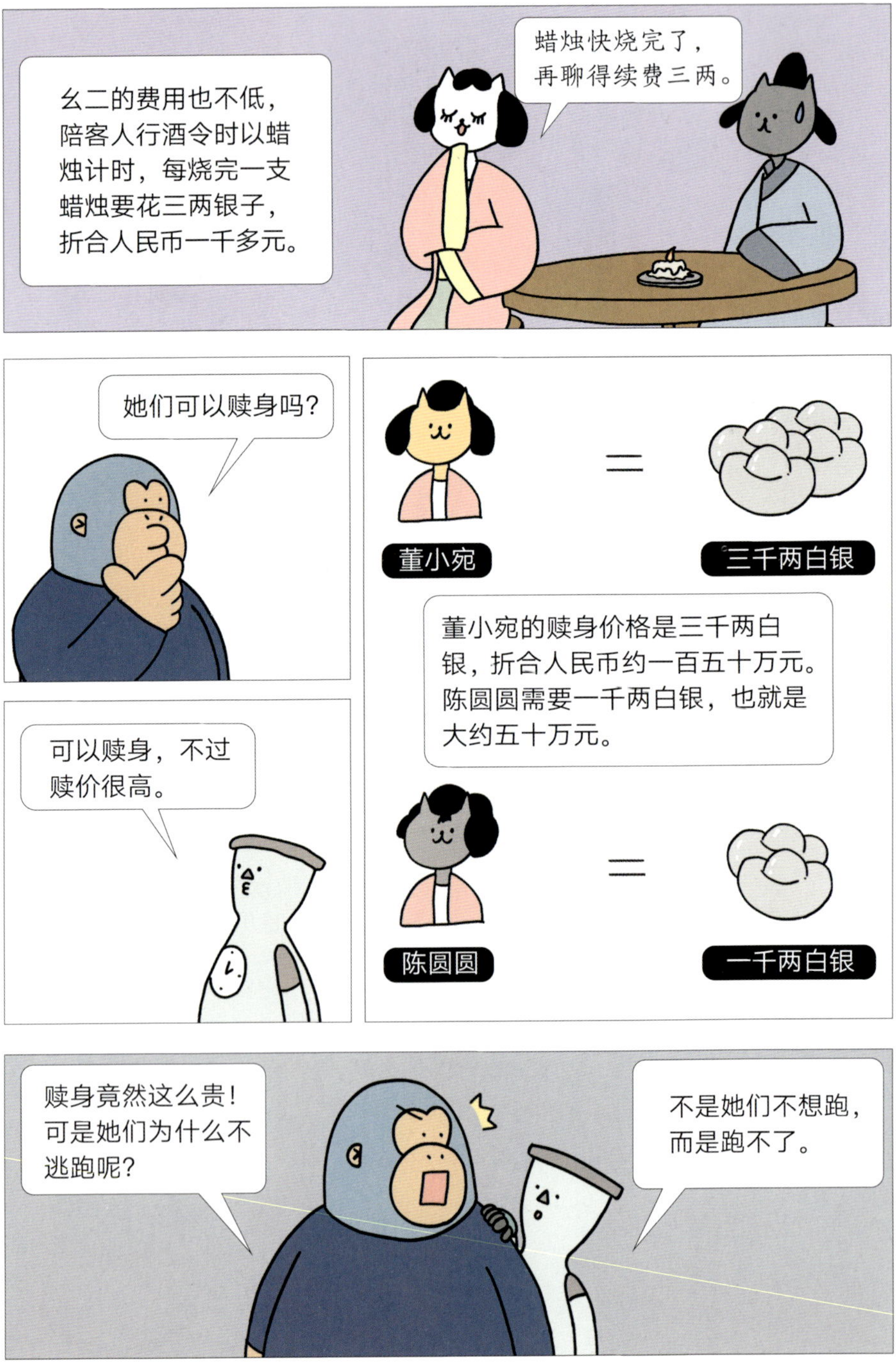

她们可以赎身吗?

董小宛 = 三千两白银

董小宛的赎身价格是三千两白银,折合人民币约一百五十万元。陈圆圆需要一千两白银,也就是大约五十万元。

陈圆圆 = 一千两白银

可以赎身,不过赎价很高。

赎身竟然这么贵!可是她们为什么不逃跑呢?

不是她们不想跑,而是跑不了。

第一，青楼戒备森严，还豢养着彪悍的打手，青楼女子时刻都处于被监视的状态。

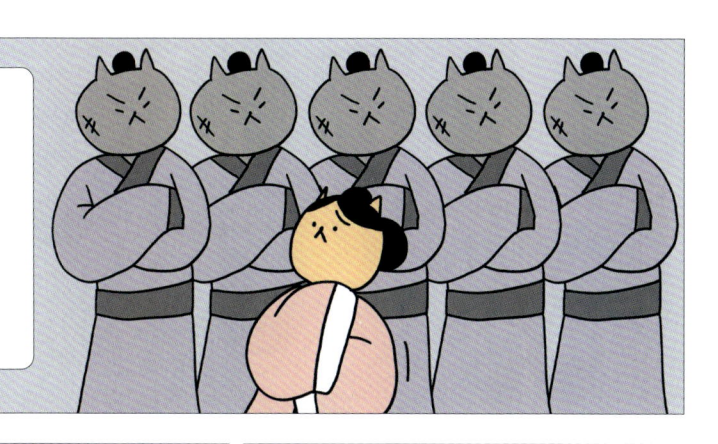

第二，青楼规矩严苛，出逃后若被抓回来会遭受严惩，或是扔给打手肆意凌辱，或是遭受酷刑。

第三，根据古代的户籍制度，女子户籍归属青楼，即便逃出去也是黑户，一旦被发现，就会被关进大牢或者再次被卖入青楼。

第四，青楼和妓院在古代属于合法经营的场所，里面的女子都签了卖身契，私逃出去可以报官追捕通缉。

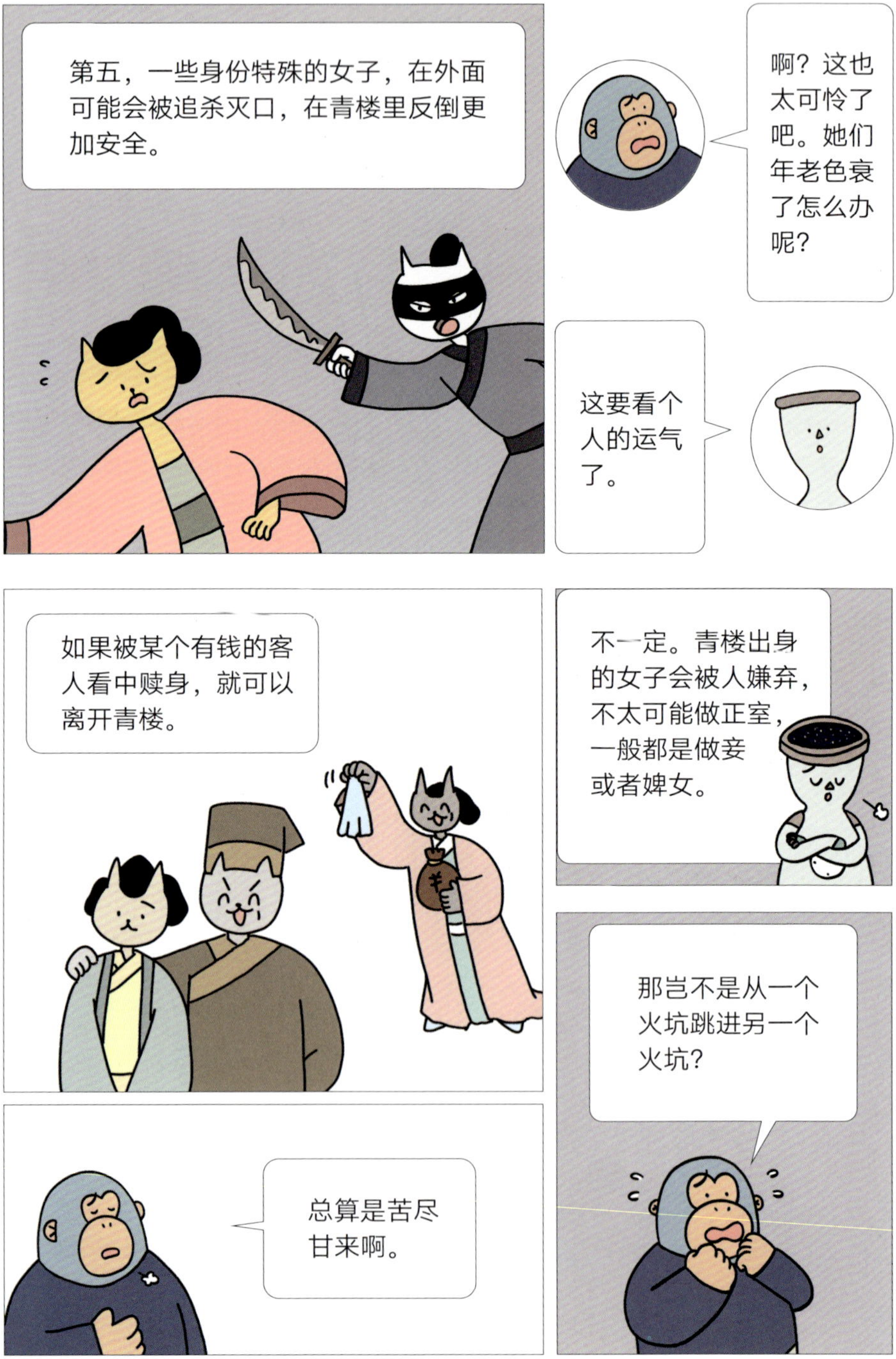

第五，一些身份特殊的女子，在外面可能会被追杀灭口，在青楼里反倒更加安全。
啊？这也太可怜了吧。她们年老色衰了怎么办呢？
这要看个人的运气了。
如果被某个有钱的客人看中赎身，就可以离开青楼。
总算是苦尽甘来啊。
不一定。青楼出身的女子会被人嫌弃，不太可能做正室，一般都是做妾或者婢女。
那岂不是从一个火坑跳进另一个火坑？

其实,青楼女子的赎身价格很高,极少遇到一个客人愿意替她们赎身的。

因此见多了世面、有管理能力的女子则可能会升级当老鸨子,也就是青楼管理者。

那就是一辈子不离开青楼了。

大部分青楼女子在容颜衰老、失去价值之后就被赶出了青楼。

有积蓄的可以做一些小买卖谋生,没攒下钱的就只能流落街头。

还有的看破红尘去了寺庙,伴着青灯古佛度过残生。

女子一旦踏入青楼,就很难改变悲凉的命运了。

古代缝尸官
算高薪职业吗?

商鞅

啊，不要啊，快停下!!!

呜呜呜，商鞅可是个良臣啊，这么个死法实在太残忍了，你带我去安葬他吧。

怎么了？

安排！

这是刚才穿越的时候，我问越王勾践借来的皮手套，一会你就戴上它给商鞅缝合尸体吧。

缝合尸体？！

你不是要安葬商鞅嘛，他尸首分离，你现在就是他的"二皮匠"了，也就是缝尸人，专门负责修复尸体的哦。

听起来这就像当代的入殓师？

可以这么理解，但是二皮匠因为赚的是死人钱，和刽子手、仵作、扎纸匠并称"四阴门"，在古代属于下九流，很是被人看不起。

咱离他们远点儿。

刽子手　　仵作　　扎纸匠　　二皮匠

当时有句老话说：宁为路边狗，不做二皮匠。

哼，既需要人家帮忙修补尸体，又这么鄙视人家，这些人也太不像话了。

这个职业是什么时候开始出现的？

中国的入殓仪式始于夏商时期，大约到了战国时期，二皮匠出现了。

二皮匠

165

一定是因为战乱，死伤的人太多了吧？

是的，而且许多死者都是尸首分离，还有死于凌迟、车裂等酷刑的人，他们连一具全尸都保不住。

古人认为，要是尸身不全，就难以进入轮回，投胎转世后，也会留下先天的残疾，缝尸人这一行当就是在这种观念下产生的。

二皮匠

谢谢！我可以安心去轮回了。

我把商鞅被车裂的尸体全搬过来了，可是，要怎么缝合呢？

拿着这些。

二皮匠是需要有一些解剖学、人体学知识的，他们的专业技能主要有"缝""补"两项。

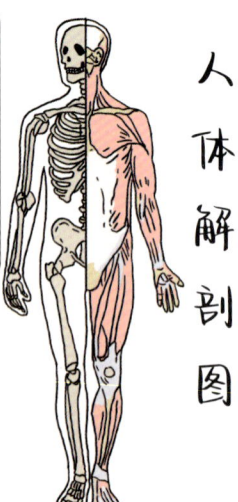

针　线　稻草　面团

人体解剖图

"缝"就是把分离的尸体对准并缝合。传说二皮匠有各种各样的针线工具,用于缝合不同部位,可还原尸身本貌。

那稻草和面团是干什么用的?

用来补全尸身缺失的部分。

古人相信五谷杂粮能辟邪,而稻草作为其载体,也具备驱邪避祟的效力。面团则多用于面部的精细修复。

那我试试看吧。

你得抓紧时间了,天黑缝合,天亮就得立刻停工。干这行有很多讲究和禁忌的。

比如二皮匠是不缝死去的孕妇、婴儿的,传说孕妇和婴儿死后怨气很大,容易招来是非。

什、什么禁忌?

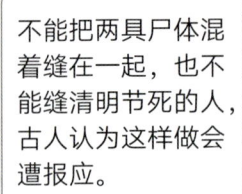

> 不能把两具尸体混着缝在一起，也不能缝清明节死的人，古人认为这样做会遭报应。

> 我好像完成了？

> 哇，还不错呢。你好像有点儿天赋啊，普普。

> 我奶奶以前可是个裁缝，多少遗传了一些天赋吧。

> 二皮匠这个职业最初就是由裁缝衍生出来的。

> 糟了，这是怎么回事？

> 是商鞅的远房亲戚。

> 这是我们的小小心意。

> 这是咋回事啊？

> 这是你的工资啊，战事多的年月，二皮匠收费偏高，缝尸一般都是按难度计费。

你刚才把脑袋、胳膊、腿都缝了一遍，还修复了五官，费用至少能抵十几只牛羊。

二皮匠收入这么高，为什么很少听说有人干这行呢？

那现在的入殓师和二皮匠有什么区别吗？

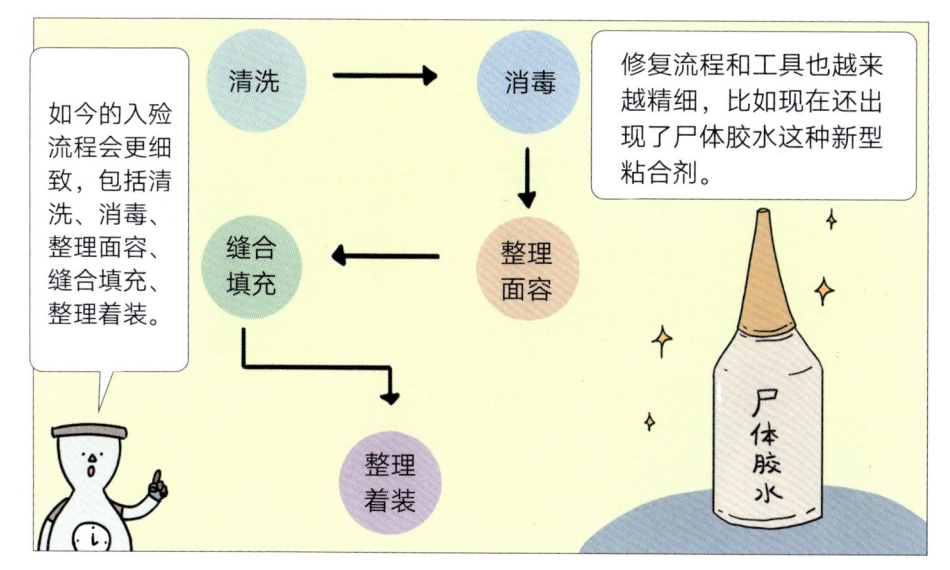

自民国以来，二皮匠逐渐没落，有些转行做了裁缝，有些则演变成了现代的入殓师。

如今的入殓流程会更细致，包括清洗、消毒、整理面容、缝合填充、整理着装。

清洗 → 消毒 → 整理面容 → 缝合填充 → 整理着装

修复流程和工具也越来越精细，比如现在还出现了尸体胶水这种新型粘合剂。

听说入殓师是个高薪行业？日班每小时收入八百元，夜班每小时能赚一千六百元。

入殓师也有编制差别，收入也随当地经济水平而异，并不像传说的那样。

而且，想当入殓师还要经过严格的考试，非常不好考。

还要考试啊？那我还是算了。

请帮我们的家人也缝合一下吧。

快带我走吧，我干不了这么多啊。

古代刽子手的职业素养

:::panel
在下吴用,要与梁山好汉劫法场救出宋江哥哥。

为了万无一失,拜托你做当日的刽子手吧。
:::

:::panel
我可以拒绝吗?

不行,拒绝吴用的人,最终都被吴用整得很惨。
:::

:::panel
此等行侠仗义之事,我普普猩愿意鼎力相助。

多谢了!
:::

:::panel
宋朝 江州城
:::

快跟我说说，作为一名刽子手，明天我该怎么做？

不能等到明天，现在你就得练习起来。刽子手是古代的死刑执行官，让犯人痛快地一刀毙命，是他们最基本的职业素养。

刽子手当学徒期间，白天要先拿冬瓜练习。

拿冬瓜怎么练？

在冬瓜上画条线，手起刀落能准确砍在线上，就算是练到家了。

到了晚上，他们也不会闲着，继续用香头练习。燃烧的香只砍下香灰，其他部分完好无损，才算过关。

第二天

行刑之前，刽子手要做哪些准备？

刽子手首先要叩拜上香，敬祖师爷樊哙、张飞和魏征。

鬼头刀是刽子手行刑的专用刀，形状有弯有直，刀柄处都雕有一辟邪的鬼头。

然后请出红布包裹的鬼头刀。

鬼头刀平日须以红布包裹，放在背阴处，不轻易示人，据说这是为了防止刽子手被冤魂骚扰。

刑场

为什么要供公鸡血啊?

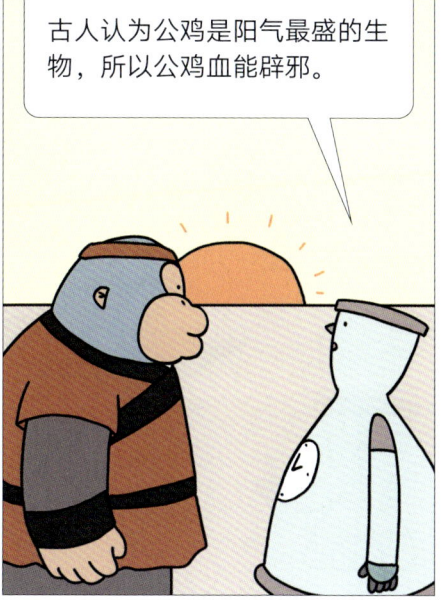

古人认为公鸡是阳气最盛的生物,所以公鸡血能辟邪。

还没开工就得先喝三碗酒?太多了,我会醉的。

酒不是给你的。

一碗给犯人喝,减轻受刑痛苦。

一碗敬天地和鬼神。

那第三碗呢?

第三碗不是普通的酒,里面掺了公鸡血、童子尿、牛黄乳等,要把它洒在鬼头刀的刀刃上驱邪。

童子尿

牛黄乳

公鸡血

什么时候开始行刑？我好紧张啊。

还早呢。

古代行刑时间为午时三刻，换算成现代的计时方式，是中午十一点四十五分左右。

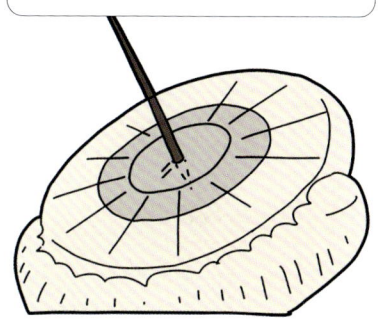

古人认为这是阳气最盛的时刻，可以克制死者的阴气。这时候处决犯人，能避免被鬼魂缠身。

到时候我该怎么做呢？

我怎么听说行刑的刀具还有快刀和钝刀之分？

行刑时，犯人跪在一个坑里，刽子手从背后向犯人第三颈椎接缝砍下，也就是颈下三寸，脖子最细的地方。

←三寸

一般情况下，刽子手下刀要快准狠，一刀毙命，防止犯人受苦。

但清朝有规定，四品以上官员犯罪被斩首，必须用钝刀，以示惩戒。

相传谭嗣同被斩首的时候，慈禧特地吩咐用钝刀。谭嗣同生生挨了三十多刀才断气。

行刑完毕之后，刽子手就直接回家吗？

刽子手行刑后，要快速离开刑场，以避免鬼魂纠缠。

刽子手回家路上，不能回头。

到家门口后，若家中狗狂吠不止，他就得立刻转身离开，在城中四处绕行，直到回家狗不叫了为止。

进家门前，家人要用杖轻打刽子手的身体，然后让他跨过火盆，才能进门。据说这样可以清除阴气，防止鬼魂跟随刽子手回家。

这么看，刽子手家中都得养一条狗才行。

还有些刽子手在砍头之前会询问死刑犯的姓名，回家后给他们烧纸钱，上香拜佛，超度亡灵。

哦，原来刽子手并不是杀生无忌的。

当然，刽子手也有几条禁忌要注意。

古人认为刽子手这个职业夺人性命，有损阴德，所以有"杀人过百，断子绝孙"的说法。

说来听听？

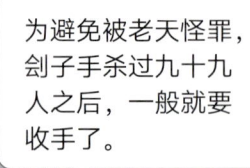

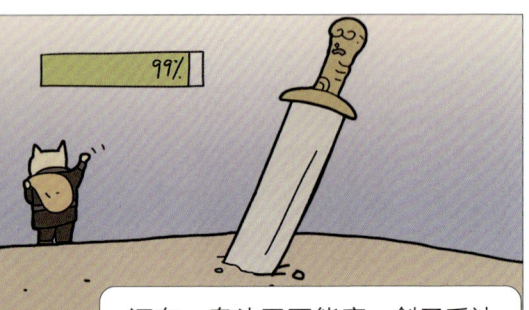

为避免被老天怪罪，刽子手杀过九十九人之后，一般就要收手了。

还有，鬼头刀不能磨。刽子手认为自己只是奉命行事，犯人会死，也是因为一切都有定数。如果自己磨刀太锋利，就是助纣为虐，是帮凶。

刽子手杀人得的报酬，除去基本生活开销，剩余的要迅速散给其他人，比如请客吃饭，他们认为这样能把死者的怨气分摊给其他人。

据说刽子手的收入还挺高的？

刽子手的收入主要分三个部分。

刽子手是衙门低等小吏，平常能在衙门领到微薄的俸禄。

此外还有"计件工资"，晚清时期，刽子手杀一个人可得四块大洋，这相当于一个长工半年的工钱。

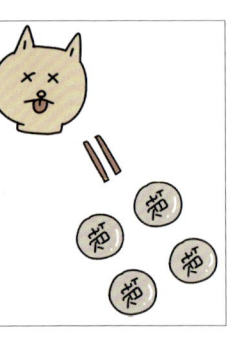

不过，刽子手最主要的收入来自犯人家属。犯人家属会给刽子手"红包"，请他们下手的时候干净利落，让犯人尽早解脱。

有些家境富裕的犯人家属会请求刽子手行刑的时候，在犯人脖颈处断筋留皮，俗称"胸前挂印"，算是留了全尸。

怎么没有头？我不收这种。

因为古人认为，尸首彻底分离的人，阎王是不收的。

乾隆至道光年间，有些富贵人家还会找无法生存的穷人或者重病之人顶包，俗称"宰白鸭"。

这时候，刽子手能拿到的灰色收入最多，"三年不砍头，砍头吃三年"。

这也太过分了！

有人劫法场！

多谢好汉相助，后会有期。

不不，我们还是后会无期的好。

MON.

TUE.

WED.

烂摊子

OKK

嗯嗯

收到

THU.

FRI.

周日晚上为什么总睡不着?

早啊，普普猩。

啊哈……

……早啊机器人。

怎么了？没睡好吗？

昨晚翻来覆去，怎么也睡不着，睁眼到天亮……

你上个周日晚上好像也是这样。

是啊，已经连续好几周的周日晚上失眠了，而且越来越严重了。

那你可能患上了"周日晚综合征"。

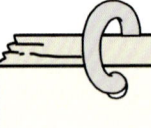

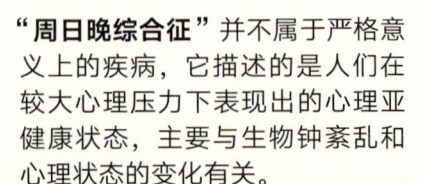

"周日晚综合征"并不属于严格意义上的疾病，它描述的是人们在较大心理压力下表现出的心理亚健康状态，主要与生物钟紊乱和心理状态的变化有关。

你是不是每个周末都晚睡晚起啊？
这就是生物钟紊乱的表现。
是啊，好不容易到周末了，第二天不用早起，当然想多玩一会儿。
你是说平时因为上班，我都早睡早起，到了周末忽然改变作息，结果周日生物钟紊乱了，没办法调节过来，所以导致失眠吗？
没错，不过这只是原因之一，心理状态的变化也会影响睡眠。

在周末，大家倾向于选择休闲放松的活动，舒缓工作压力。

而到了周日晚上，新一周的工作任务、面临的挑战或未完成的工作又来了，对未知的恐惧和紧张情绪会让大脑保持在一种高度警觉状态，这非常不利于放松和睡眠。

原来如此，我昨晚一直在想着今天的会议，我需要发言，虽然已经做好了准备，但还是很担心自己上台紧张，发挥不好。

另外，你周末是不是经常打游戏或者刷短视频到很晚啊？

前几周是这样的。

不过昨天晚上，我已经强制自己一到睡觉时间就放下手机了，但是还是没睡着。

如果你刷短视频没刷过瘾，大脑还处在兴奋状态时就睡觉的话，就很可能引发"蔡加尼克效应"。

这是什么效应？

这其实和你刷短视频到几点无关，如果你没刷过瘾，反而更容易失眠。

蔡加尼克效应？

如果你有某件事没做完，或者并未从中感到满足，你的大脑就会不自觉地反复思考这件事。

你这么一说好像还真是，总有一种不甘心的感觉，而且很难控制自己不去想。

没错。这其实与大脑中的默认模式网络有关。

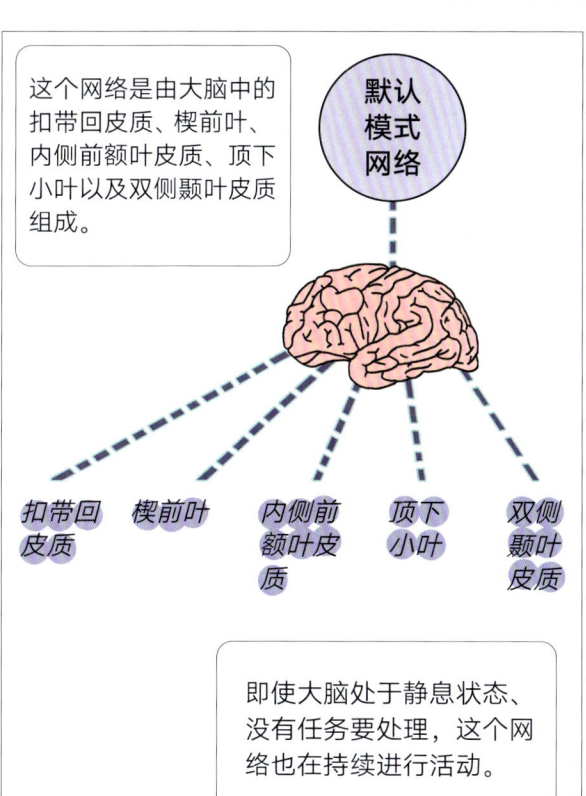

这个网络是由大脑中的扣带回皮质、楔前叶、内侧前额叶皮质、顶下小叶以及双侧颞叶皮质组成。

默认模式网络

扣带回皮质　楔前叶　内侧前额叶皮质　顶下小叶　双侧颞叶皮质

因为我短视频没刷够，所以就算我放下手机，我大脑的默认模式网络也还会自动思考这件事？

即使大脑处于静息状态、没有任务要处理，这个网络也在持续进行活动。

没错。

另外，你如果有什么工作没做完，即使已经很疲惫了，也可能因为蔡加尼克效应而睡不着觉。

那有什么好办法能避免蔡加尼克效应呢？

你可以在睡觉前半小时听听音乐，或者泡个澡，让大脑在这半个小时里放空。

就是说我至少要在睡前半个小时就停止刷短视频或者玩游戏，让大脑放松放松？

对。

另外,如果你当天有很多事要处理,最好给自己设定一个最低完成限度,只要完成这个最低限度,就算今天的任务完成了。如果完成超过这个限度,就算超额完成任务。

目标: 60%

已完成: 65%

是个不错的办法。这样我就不会在睡觉时还为没有完成工作而苦恼了,如果一不小心超额完成任务,还会觉得赚了。

如果你今天心情特别糟,焦虑得睡不着,那么可以试着把苦恼都写下来。这是一种很有效的发泄情绪的方式。

哦?下次心情不好的时候我试试。

话说回来,你是不是快迟到了?

啊?完蛋了!

08:47

第四辑

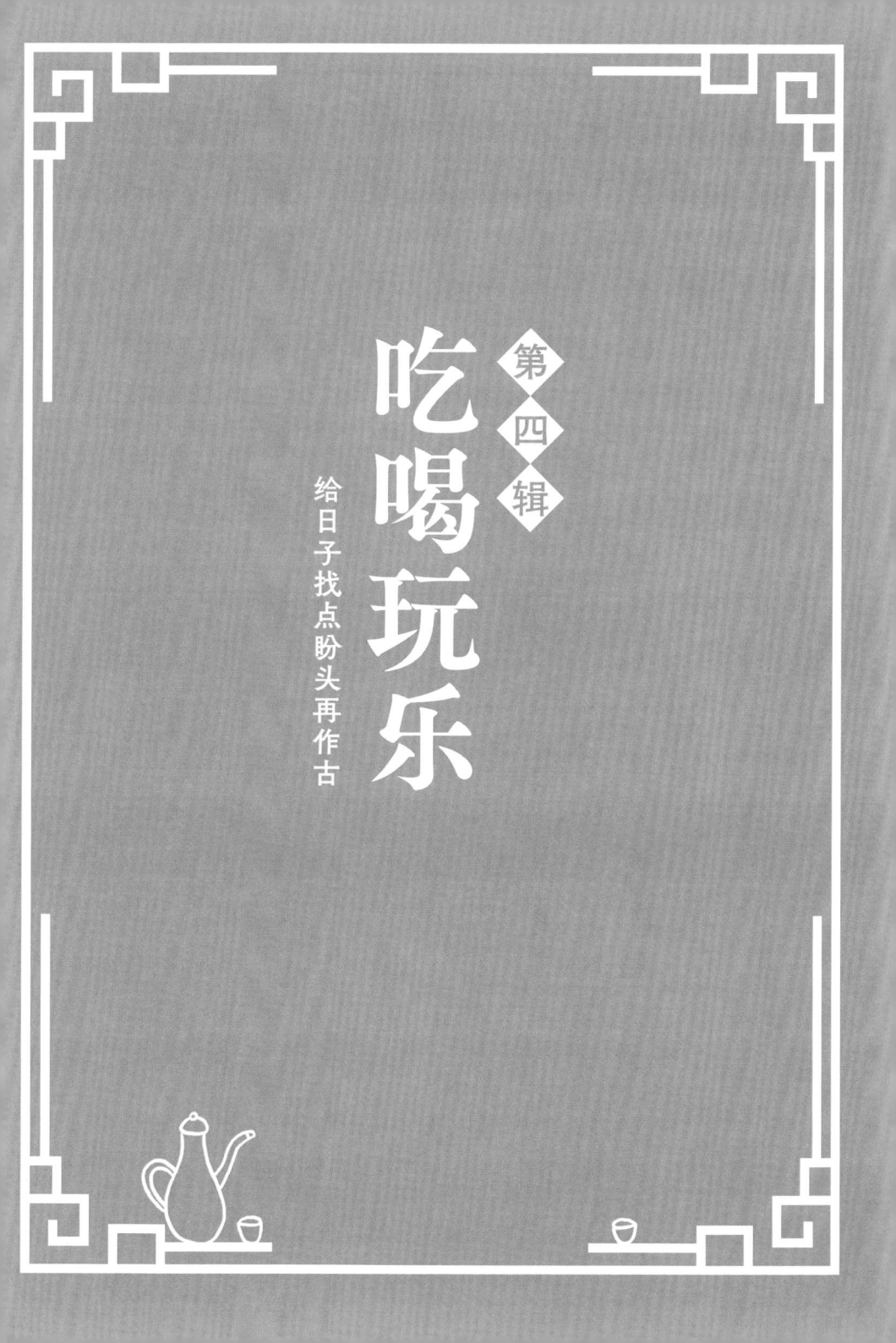

吃喝玩乐

给日子找点盼头再作古

古人放假调休吗？

> 好累啊，终于熬到周五了。可惜只能休息两天！

> 两天你觉得少，汉代的人们就更辛苦了，只能做五休一。

> 在汉代，人们把休假称为"休沐"，也就是休息沐浴。

汉代朝廷内

古人洗澡不像今天这么容易，每次洗澡都要做大量准备工作。

砍柴 ✓
生火 ✓
烧水 ☐

休沐

所以从汉代开始，每工作五天就有一天假期，放假也因此被称为"休沐"。

> 大家回去都好好搓搓啊！

> 五天一休这个制度一直延续到了隋代。

唐朝 朝堂上

做五休一太不人性化了,应该多一些探亲假呀!

唐宋时期建立起了完备的婚丧假和探亲假。

皇上,我们两人都是回家探亲,可是我家在千里外,他家就在邻县。

1350km 3年30天
225km 5年15天

父母远在三千里以外的,每三年给三十天探亲假;父母远在五百里以外的,每五年给十五天探亲假。

朕今天生日,心情大好,全国放假三天!

唐朝时还出现了许多前朝没有的假期,比如皇帝的生辰就被定为"千秋节"。

重要的忌日也会放假。

我最心爱的大臣去世了，为了纪念他，全国放假两天呜呜呜……

据史书记载，唐代曾因皇族成员去世放假十六次，大臣去世放假五十四次，每次放一两天。

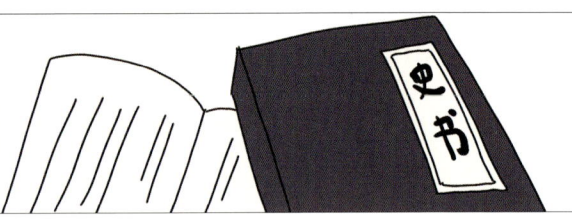

这……唐代皇帝放假真任性！

宋神宗时，官员的休假天数非常多，可谓是逢节必休。

宋代比唐代更任性。

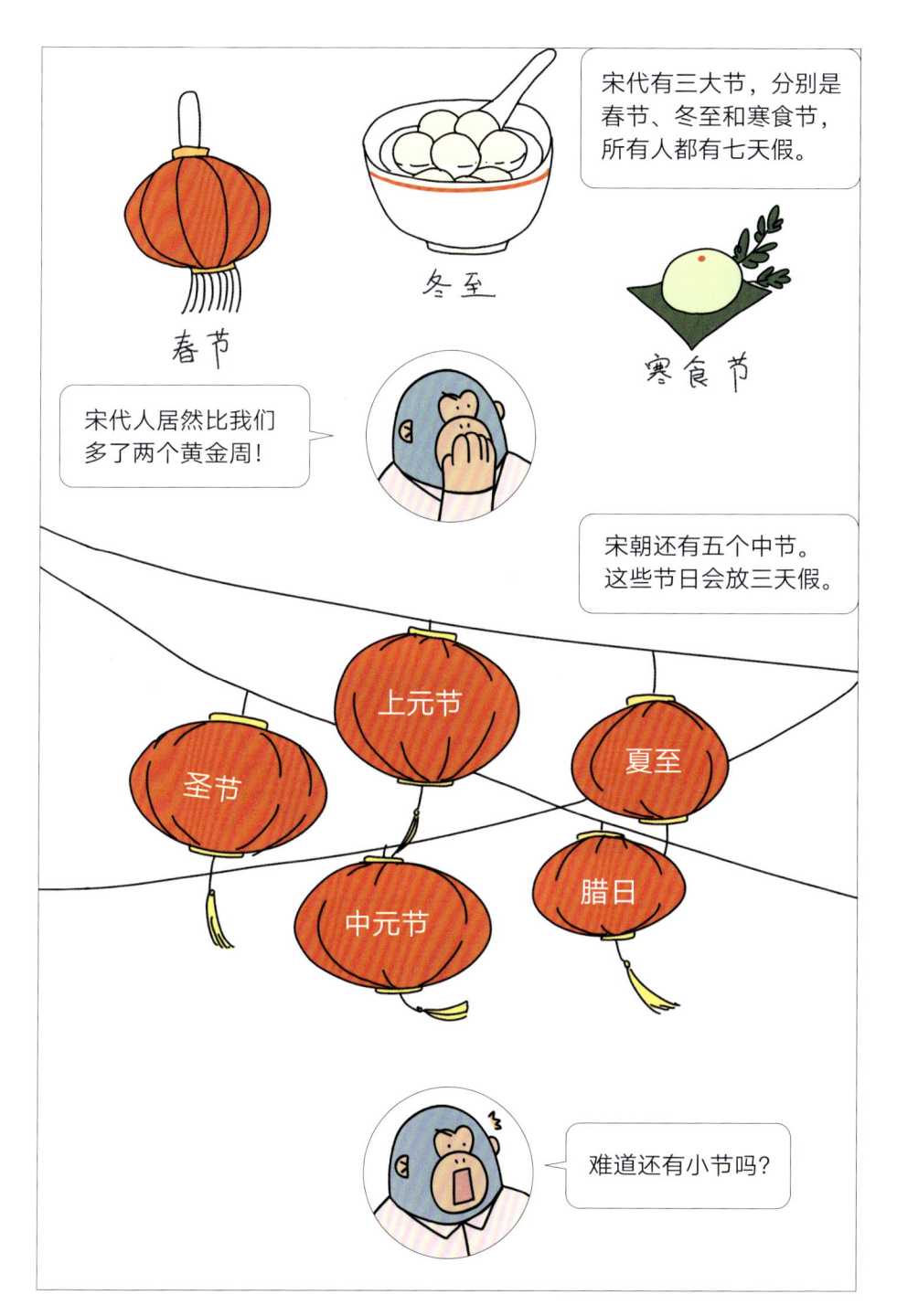

宋代有三大节，分别是春节、冬至和寒食节，所有人都有七天假。

春节

冬至

寒食节

宋代人居然比我们多了两个黄金周！

宋朝还有五个中节。这些节日会放三天假。

圣节

上元节

夏至

中元节

腊日

难道还有小节吗？

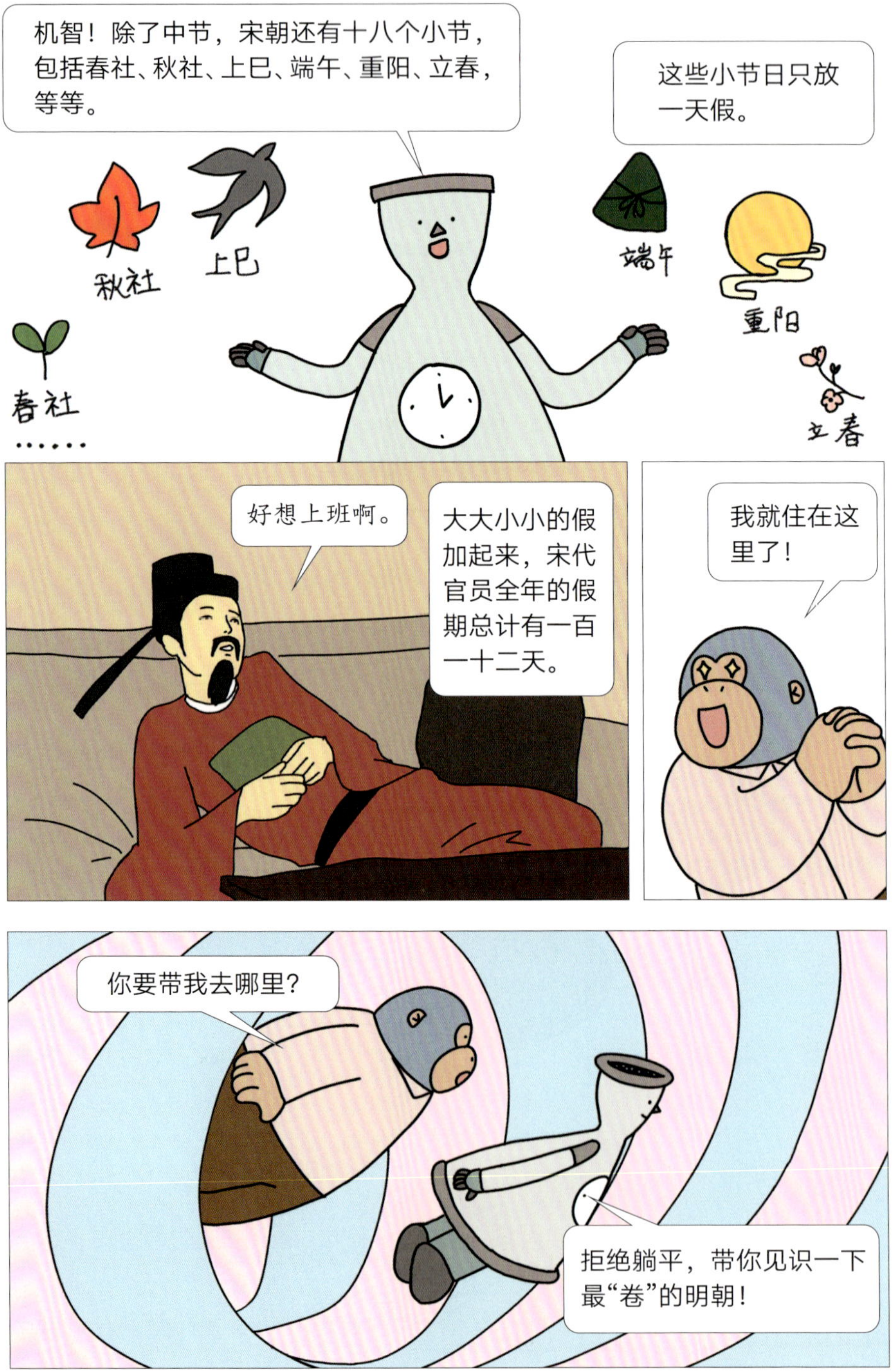

机智！除了中节，宋朝还有十八个小节，包括春社、秋社、上巳、端午、重阳、立春，等等。
这些小节日只放一天假。
秋社
上巳
端午
重阳
春社
……
立春
好想上班啊。
大大小小的假加起来，宋代官员全年的假期总计有一百一十二天。
我就住在这里了！
你要带我去哪里?
拒绝躺平，带你见识一下最“卷”的明朝！

洪武年间的假期几乎是历朝历代里最少的。

全年只放三天假：春节、冬至和皇帝的生日。

汉朝是五日一休沐……

朱元璋也曾反思自己是否太过严苛，于是命令有关部门考察古代的休沐假日。

……

我不要你觉得，我要我觉得！

但朱元璋对"五日一休沐"的理解是每个月的五号休息一天。

请陛下多增加一些假期吧……

"工作狂"朱元璋驾崩后,假期才渐渐变多了。

到了清末,西方文化传入中国,"礼拜天"这个词才开始流行起来。自 1902 年起,清政府在原有假期的基础上,逐渐确立了礼拜天公休的制度。

上班时间,你们在聊什么?

你俩明天加班!

古人买房难吗？

转账成功
转账对象：房东
账户余额：3000元
这辈子也别想在北京买房了。
哔
《水浒传》里的武大郎还有二层小楼住呢，我要穿越去宋朝，学武大郎卖炊饼。
我劝你别去，历朝历代，在繁华的一线城市买房，都不是一件容易事。
长安
不信我就给你说说。比如唐朝，在国际化大都市长安，有钱你也未必买得了房子。

在唐朝买房，要先看你的户口和身份。

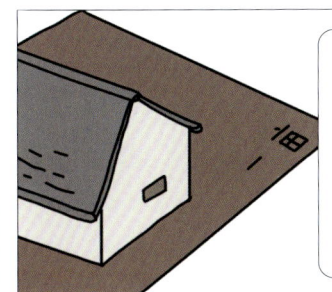

普通百姓能拥有的房地产面积受到限制，法典规定，三口之家的住房最多可占地一亩。

有钱也买不到房啊！

商人虽然富有，但社会地位低，也没有资格随意买房。

我不就是多住了半间，至于吗？

就算是有身份、有户口的官吏，几品官员能住几间房，朝廷也规定好了，一旦僭越，就有脑袋搬家的风险。

武周时期，宰相宗楚客就因住宅逾越规制，被政敌抓住了把柄，被贬为播州司马。

贪得无厌！

> 限购嘛,这个我知道。

> 唐朝不但限购,还限卖。

> 想要卖地皮、房产,必须先问亲戚邻居买不买,他们都不要,才能对外出售。这样一来,房源稀缺,买房就更难了。

> 买吗?

> 为了限制人口流动,还不让人卖自己的房子了,真不讲理。

> 不仅如此,唐朝还征收高额的房产税,根据房屋的数量和质量计税,每年每间豪宅两千文铜钱,中屋一千文,下屋五百文。

当时一千文铜钱的购买力约相当于现在的三千二百六十元。如果一户人家有四间中屋，仅房产税每年就要交一万三千多元。

一年年交下来，还真不是一笔小数目。

这么说来，在唐朝买房还真不如租房住呢。

对，据《旧唐书》记载，元和十五年，内侍省的官员中，有房子的只占三成多。

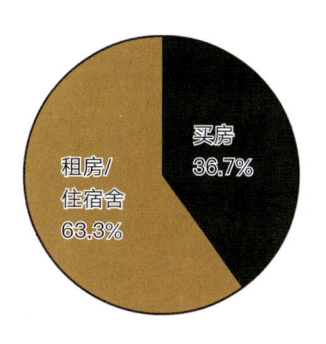

买房 36.7%
租房/住宿舍 63.3%

那唐朝房价贵不贵？

唐玄宗时期，朝廷曾拍卖过一处位置不错的四合院，有三十九间房，占地二亩九，成交价为十三万八千文铜钱。

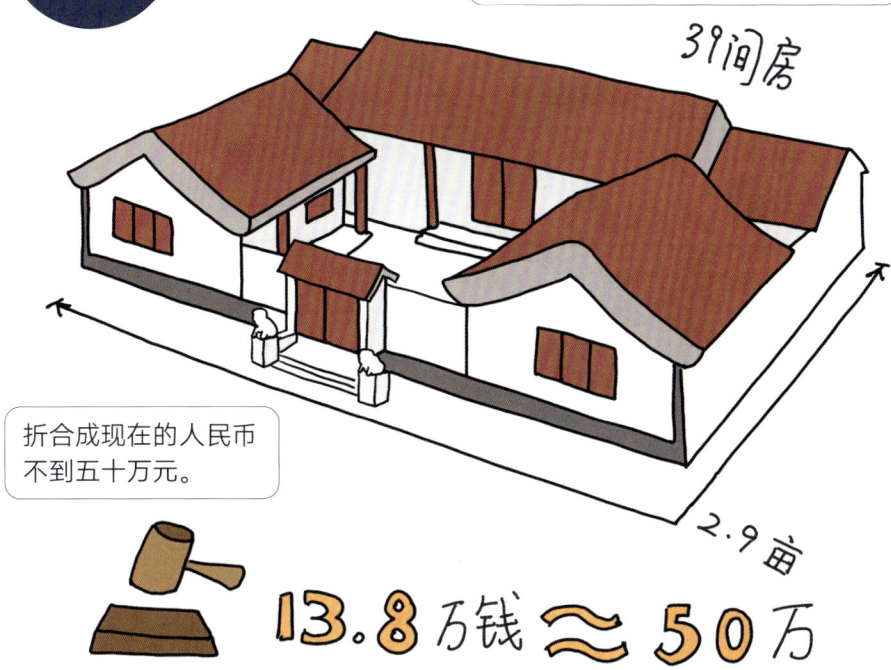

39间房

2.9亩

折合成现在的人民币不到五十万元。

13.8万钱 ≈ 50万

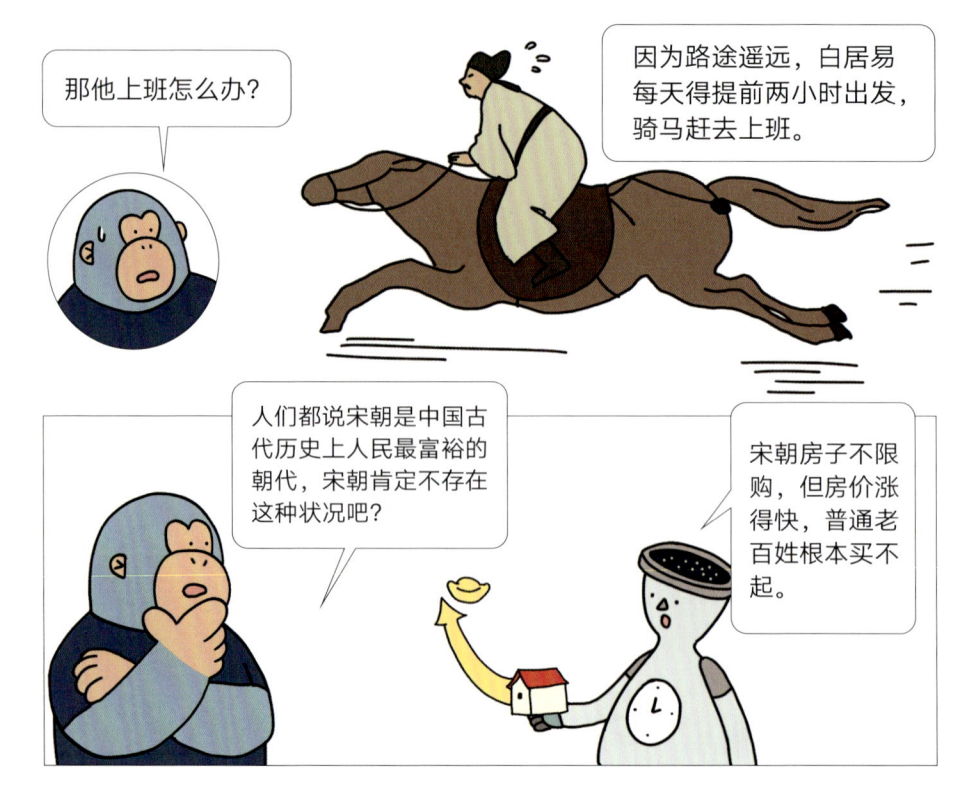

当时给人养马的马夫收入尚可，每月五百文钱左右。但马夫要买这样一所宅子，需要不吃不喝奋斗八十三年。

500文/月

因为房源不充裕，当时租房并不便宜。

白居易三十一岁入朝为官，月俸一万六千文，放在现在是月入五万元以上的高级公务员，可他也只住得起郊区的四间茅屋。

那他上班怎么办？

因为路途遥远，白居易每天得提前两小时出发，骑马赶去上班。

人们都说宋朝是中国古代历史上人民最富裕的朝代，宋朝肯定不存在这种状况吧？

宋朝房子不限购，但房价涨得快，普通老百姓根本买不起。

以北宋都城开封为例，其人口密度超过现在许多国际大都市，做生意的赚着大把银子。

京官又领着比别朝高几倍的俸禄，景象的确一派繁荣。

但这也推动开封的房价疯狂上涨。北宋初期，五千两白银就能买一所相当气派的豪宅。

但到了北宋末期，豪宅连买带装修，得花一百万两白银。

那时候普通老百姓一个月挣多少钱?

宋徽宗时期,朝廷雇人抄书,每月给三贯半铜钱,也就是三两半银子。

要扫多少次厕所,才能买得起一个厕所啊。

← 欧阳家男仆

欧阳修家的男仆,每月工钱为五贯。只会干重活的壮劳力,每月仅挣九百文。

当时的一贯有一千文钱,折合现在人民币五百元左右。也就是说,普通百姓最高收入不过两千五百元。

= 1000文钱
≈ 500 RMB

那普通百姓买一所房子需要多少钱?

《续资治通鉴长编·卷八十五》中记载了一个案例。

崔某

北宋初年,地痞崔某以九百贯强买邻居梁某价值一千三百贯的房子。由此推断,宋初普通民居的价格在一千三百贯左右。

以当时百姓的最高月收入五贯计算,一个人至少要不吃不喝,工作攒钱近二十二年才行。

到了北宋末期，普通民居更是百姓买不起的。

这不和现在在北京工作，在燕郊买房的年轻人一样嘛。

对。由于房价高企，开封当时的房屋自住率也只有50%左右。

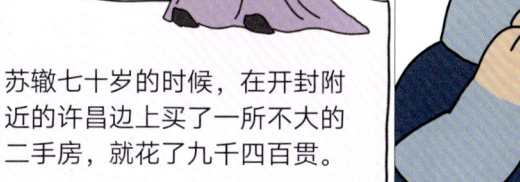

苏辙七十岁的时候，在开封附近的许昌边上买了一所不大的二手房，就花了九千四百贯。

我听说清朝房价便宜。

对，清朝百姓奋斗几年就能买得起房子。

给我来一套三室两厅！

以清朝末年为例，京城普通百姓月收入三两银子，约等于现在人民币九百元左右。

1838年，丁某将外城刘家胡同的一所四合院卖给同乡，十间房售价二百两。

一所四合院才六万元，这房价，确实比现在便宜得多。

但清末的官员，俸禄大都花在租房子、雇仆役、摆排场上了，加上当时官场流动性大，退休必须返乡等因素，买房的反倒不多。

名臣曾国藩在北京为官十七年，仅在1840年一年内就搬了五次家，即便这么折腾，也没在北京买房。

赫赫有名的曾国藩一辈子都没在北京买房，那我买不了房，好像也不算什么。

古人减肥有多努力？

我好饿，真的好饿……
那你去吃东西啊！
不行！我要减肥，紧跟潮流！
要是能回到古代就好了，也没听说古人天天嚷着要瘦身减肥。
我带你去古代看看，你可别后悔！
咻
陛下饶命啊，我这就去减肥！

《晏子春秋·外篇》中有记载，"楚灵王好细腰，其朝多饿死人。"

一尺七？爱妃最近是不是胖了？

（一尺七≈56.61厘米）

楚灵王

春秋时期，残暴昏庸的楚灵王有个怪癖：喜欢纤纤细腰。

他不仅要求妃子宫女有纤细的腰身，连臣民也不放过。为了迎合大王的口味，楚国创造了历史上最早的全民减肥运动。

咕噜——

减肥

《墨子》中也有记载，臣子们为了节食减肥，每天只敢吃一顿饭，拼命勒紧腰带，饿到要扶着墙才能站起来。

啊啊啊不能再紧啦！

而后宫的妃嫔们更惨，有的甚至为了缓解饥饿感生吞布帛。

很多人因为过度节食而送命，没死的也饿得奄奄一息。

人快饿没了。

布帛

放过我吧，我要吃饭！

还没完呢，下一站！

哇，身材好好的大美女！

赵飞燕

这可是大名鼎鼎的赵飞燕，西汉时最著名的瘦身达人。

据说汉成帝让宫女用手托着水晶盘，赵飞燕竟然可以在托盘上翩翩起舞。

这体重也太轻了吧！

汉成帝怕她被风吹走，还专门为她修了一个"七宝避风台"为她挡风。

爱妃，抓紧我！

赵飞燕也是中国历史上较早尝试药物减肥的女性。据说她将主要成分为麝香的"息肌丸"塞到肚脐眼里，药物融化渗入体内后可以保持肌肤雪白，身体纤瘦。

原来《甄嬛传》里安陵容用的就是它！

真羡慕她。

既然这么有效，为什么现在减肥不用它呢？

息肌丸的具体成分已无从考究，但麝香是一种美容香精，长期大剂量使用会导致慢性中毒，甚至不孕，赵飞燕也确实怀不上孩子。

做宫廷中人好难！那平民百姓也这么热衷于减肥吗？

走吧，我们去三国！

古代人也跳广场舞?
虎形
鹿形
熊形
猿形
鹤形
他们在跳的叫“五禽戏”，模仿的是虎、熊、鹿、猿、鹤五种动物的动作。

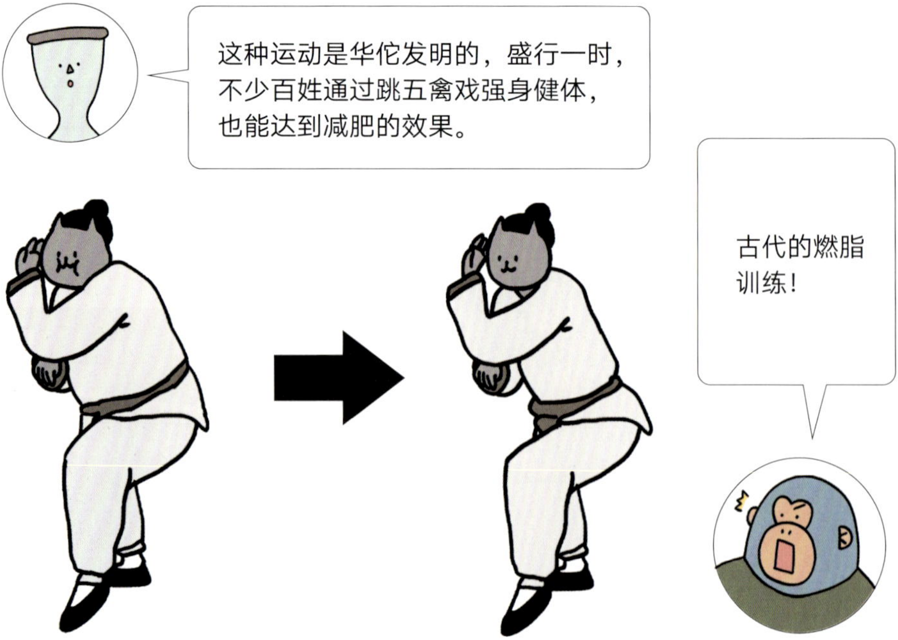
这种运动是华佗发明的，盛行一时，不少百姓通过跳五禽戏强身健体，也能达到减肥的效果。
古代的燃脂训练！

到了宋朝，“以瘦为美”的观念深入人心，人们尤其是女子开始从内而外地研究减肥方法。
天啊，放开我！
这是宋朝流行的毛巾搓澡减肥法。
先把毛巾泡一泡冷水，然后在身体某一部位反复用力搓洗十次以上，以消耗热能，达到减肥的效果。
元朝时，人们做了改进，改用马或猪等动物脖颈上的硬毛做成的刷子，效果更佳。
呜呜呜，好痛呀……
那你试试这杯茶。
这个可以！

好难喝啊！
这可是备受宋朝女子青睐的减肥茶，药方出自名医严用和所撰的《济生方》。
我累了，古人为了减肥也太折腾了！
到了明清时期，御医还会专门为妃嫔定制一些减肥的药剂。
比如桑叶荷钱茶。一些贵族女子还会用深海珊瑚藻进行食疗减肥。
我们的减肥茶呢？
马上马上！
这么看来，古人减肥的需求和力度一点都不比现代人小呢。
是啊，但一定要科学减肥，不能盲目尝试哦！

古人追星也疯狂

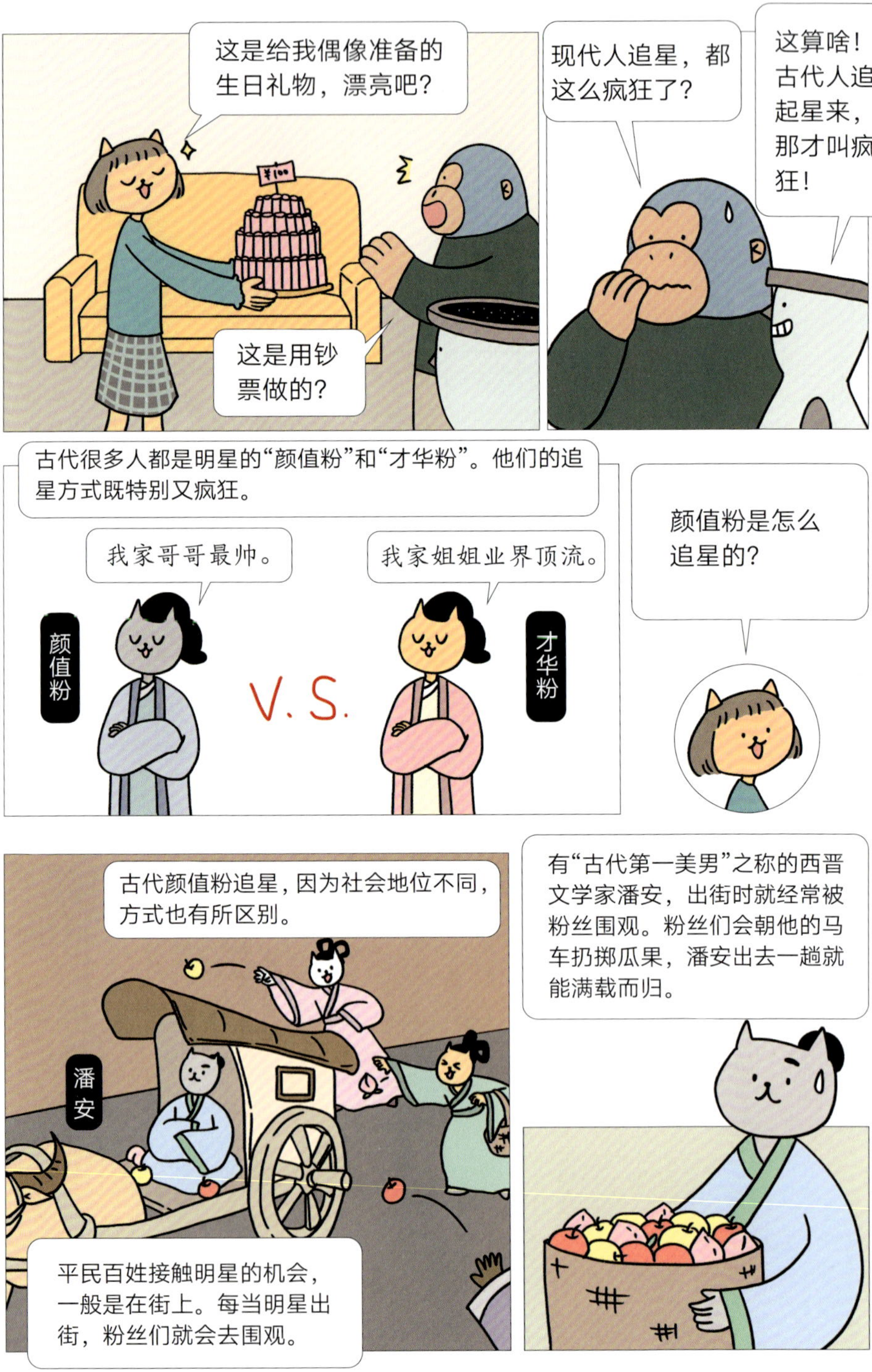

- 这是给我偶像准备的生日礼物,漂亮吧?
- 这是用钞票做的?
- 现代人追星,都这么疯狂了?
- 这算啥!古代人追起星来,那才叫疯狂!

古代很多人都是明星的"颜值粉"和"才华粉"。他们的追星方式既特别又疯狂。

- 我家哥哥最帅。(颜值粉)
- V.S.
- 我家姐姐业界顶流。(才华粉)
- 颜值粉是怎么追星的?

古代颜值粉追星,因为社会地位不同,方式也有所区别。

潘安

平民百姓接触明星的机会,一般是在街上。每当明星出街,粉丝们就会去围观。

有"古代第一美男"之称的西晋文学家潘安,出街时就经常被粉丝围观。粉丝们会朝他的马车扔掷瓜果,潘安出去一趟就能满载而归。

古代四大美男之一——西晋玄学家卫玠的粉丝更疯狂。

永嘉四年,卫玠搬迁到建邺,当地几乎全城出动,对他一路围追堵截。

卫玠!!
卫玠!!
??
卫玠

有些粉丝甚至伸出蠢蠢欲动的手,试图和他近距离接触。

全城出动?不可思议!

这还只是平民百姓的追星方式。贵族追起星来更霸道。

春秋时期宋国美男公子鲍,容貌美而艳,他有一个特别狂热的粉丝——宋襄公的夫人王姬。

王姬追公子鲍,不仅动用"钞"能力,还斩杀当时的国君宋昭公,拥立公子鲍继位,助他成为春秋时期宋国第二十四任国君——宋文公。

遵命!

王姬

去民间多开几个粥棚,用公子鲍的名义。

耶!!!

宋文公(公子鲍)

225

氪金大佬的追星方式好可怕！

才华粉追起星来也不遑多让。

才华粉是大文豪的粉丝吗？

不全是。除了崇拜才华横溢的文豪，古人还崇拜朝廷能臣。而且这两类"偶像"的粉丝，追星方式也不太一样。

文豪粉的追星方式，更偏向"痴"。

文豪粉 V.S. 能臣粉

唐代"顶流"诗人李白有一个狂热粉丝——唐代进士魏颢，后者堪称"千里追星"第一人。

李白，永远的神！

魏颢

魏颢为了见偶像一面，从河南开始一路追随李白，跋涉三千余里，终于在扬州追星成功。

偶像，我终于追上你了！

魏颢（追星版）

李白

据说，李白被魏颢的精神感动，送给这位狂热粉一首诗——《送王屋山人魏万还王屋·并序》。

> 送王屋山人魏万还王屋·并序　李白
> 仙人东方生，浩荡弄云海。
> 沛然乘天游，独往失所在。
> 魏侯继大名，本家聊摄城。
> 卷舒入元化，迹与古贤并。
> ……

能见到李白啊，好羡慕！

"诗圣"杜甫还和李白把酒言欢呢。

杜甫也是李白的粉丝？

没错，而且是狂热粉。有人统计过，杜甫一生所写的诗中，与李白有关的就达四十多首，有十多首还冠上了李白的名字。

《寄李十二白二十韵》
《天末怀李白》
《梦李白二首》
《春日忆李白》
《冬日有怀李白》
《赠李白》

羡慕！如果我也和杜甫一样会写诗，一定写上一百首，致敬李白！

杜甫的粉丝张籍和你有一样的想法，他本身也是诗人，崇拜杜甫，想在诗作上达到和偶像一样高的水平。

杜甫，你真的好棒。

张籍

所以,他把杜甫的诗集烧成灰,蘸着蜜膏,每天像喝补药一样喝下肚……

他的追星方式真清奇。

不愧是偶像的诗集烧成的灰,好喝!

白居易的狂热粉葛清更清奇。

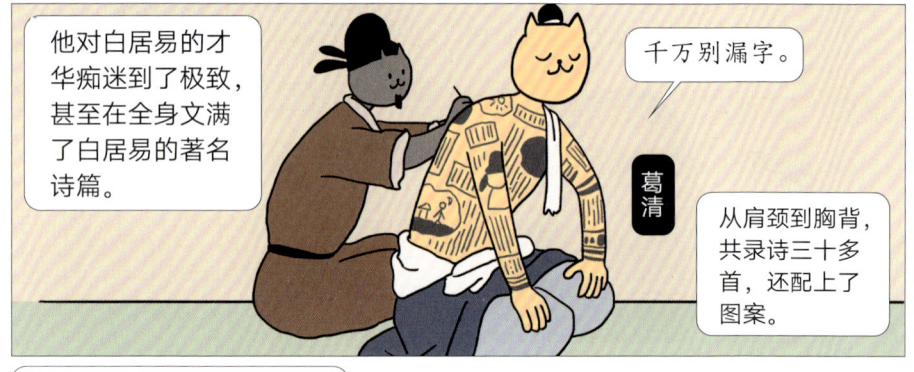

他对白居易的才华痴迷到了极致,甚至在全身文满了白居易的著名诗篇。

千万别漏字。

葛清

从肩颈到胸背,共录诗三十多首,还配上了图案。

葛清经常赤身走上街市,供路人细细观赏,人送外号"白舍人行诗图"。

好诗啊,好诗!

太疯狂了吧！

日本第五十二代天皇嵯峨天皇将《白氏文集》视为珍宝。

白居易还有一个狂热的皇室粉丝团。

日本皇室为研究白居易诗作，还增设了侍读官这一职位，侍读官的主要任务就是好好讲读白居易的作品。

好虔诚啊！

贾岛，祝你灵感不断。

唐代"诗奴"贾岛有个粉丝叫李洞。他做了一个巴掌大的贾岛铜像放在帽子里，每天顶礼膜拜，还拿着佛珠边走边为贾岛祈福。

李洞

> 文豪们就没有女粉吗？我可听说柳永在女粉圈很吃香的。

"柳哥哥，为奴家填词一首吧！"

"奴家也要！"

（柳永）

> 文豪的另一大粉丝群就是青楼女子。婉约派创始人、北宋著名词人柳永就被青楼女子狂热追捧，还流传出了"不愿君王召，愿得柳七叫"的说法。

> 后来柳永去世，众多青楼女子合力出钱为他筹办身后事。

> 出殡那天，满城名妓前去相送。还有女粉因为悲伤过度，不久之后也随柳永去了。

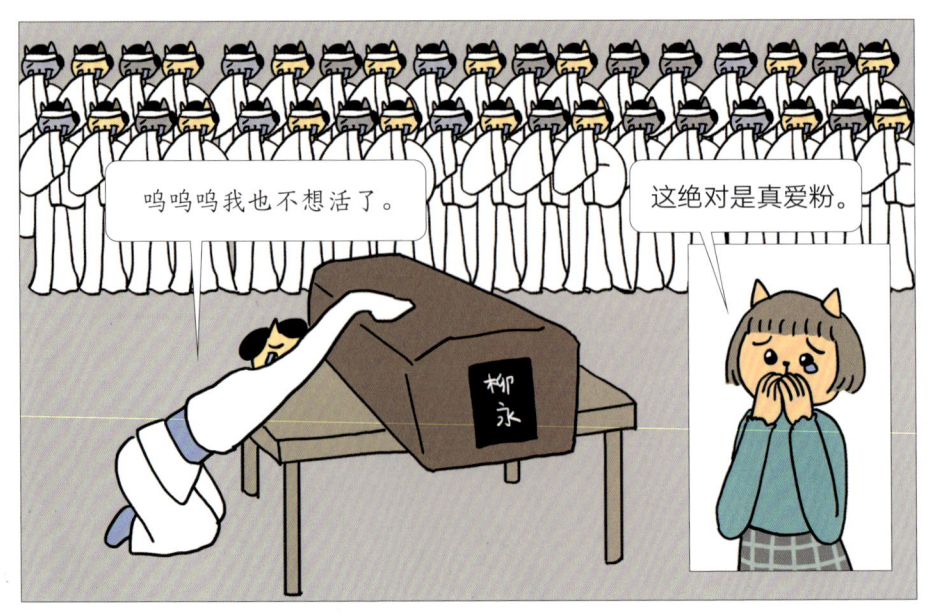

"呜呜呜我也不想活了。"

"这绝对是真爱粉。"

（柳永）

那朝廷能臣的粉丝是怎么追星的？

朝廷能臣的粉丝追星有点"疯"，比如曹操的父亲曹嵩。

偶像咋还不来呢？

曹嵩

曹嵩是大臣赵咨的铁杆粉丝。他当值河南荥阳县令时，得知偶像赴任新职会途经当地，便跑去迎接。

赵咨

偶像，等等我！

可赵咨并未在荥阳停留，曹嵩遗憾错过。

还是错过了！

为了见到偶像，曹嵩当即丢下工作，一路策马狂奔数百里追赵咨，终于追星成功。

但他也因为擅离职守，丢了官职。

见到了偶像，值了。

太狠了，为了追星，竟然连饭碗都不要了！

古人也讲脱口秀

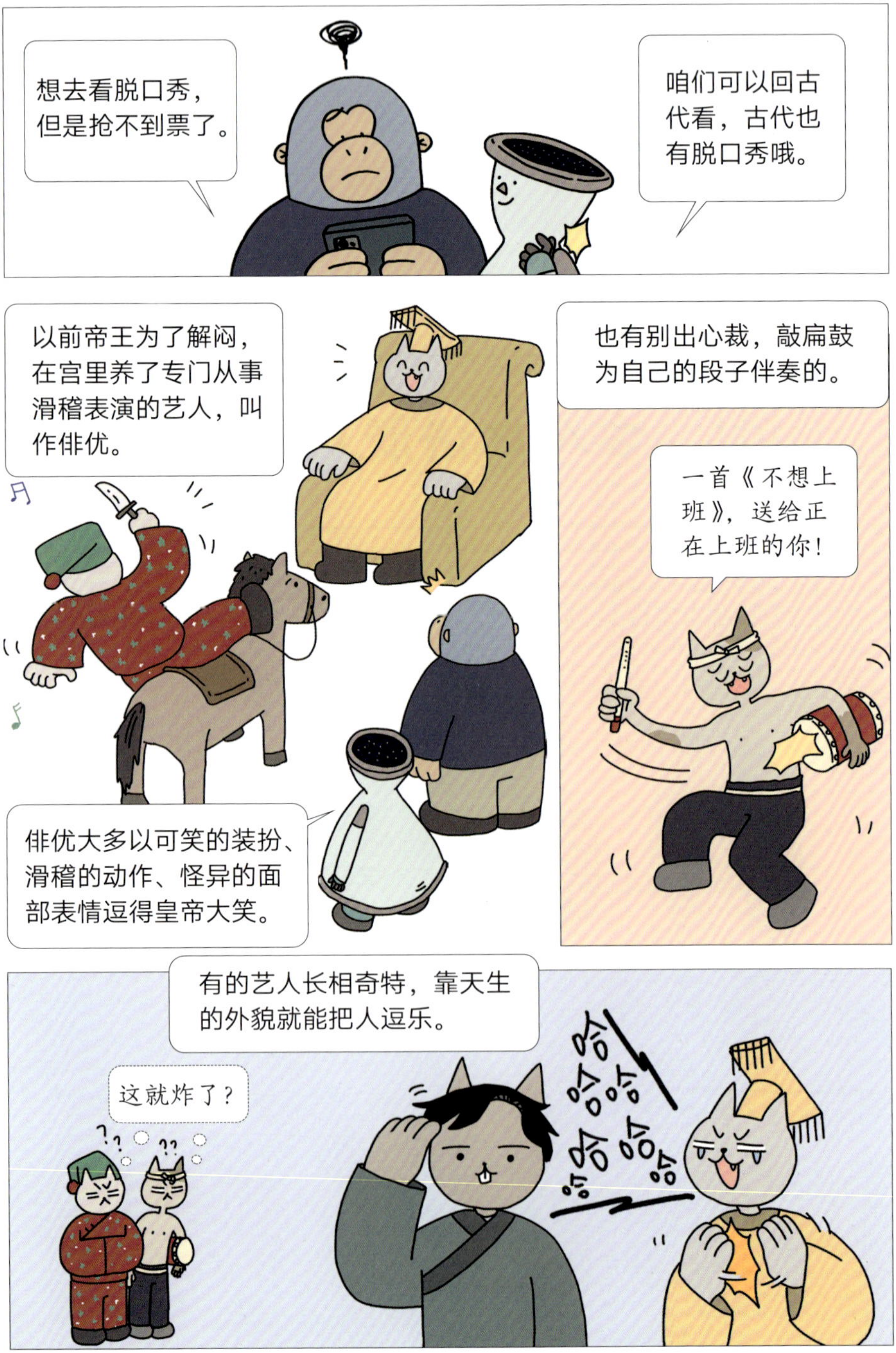
想去看脱口秀，但是抢不到票了。
咱们可以回古代看，古代也有脱口秀哦。
以前帝王为了解闷，在宫里养了专门从事滑稽表演的艺人，叫作俳优。
俳优大多以可笑的装扮、滑稽的动作、怪异的面部表情逗得皇帝大笑。
也有别出心裁，敲扁鼓为自己的段子伴奏的。
一首《不想上班》，送给正在上班的你！
有的艺人长相奇特，靠天生的外貌就能把人逗乐。
这就炸了？
哈哈哈哈哈哈哈哈

古代的俳优不只是提供娱乐，还常常以讽谏的形式向君主提出意见。

优旃

秦朝的俳优优旃就敢于面刺君主之过。

我想把猎场扩大，东到函谷关，西到雍县和陈仓。

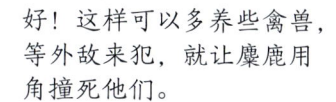

秦始皇

好！这样可以多养些禽兽，等外敌来犯，就让麋鹿用角撞死他们。

额

城墙不好看，全部用漆刷一遍。

说得好！刷城墙虽然劳民伤财，可是很有观赏价值呀。

城墙漆得漂漂亮亮的，只怕敌人来了也被震惊得爬不上来。

额…

劳民 伤财

老大，我们搭梯子爬上去！

不行！这个城墙刷得这么好看，我们不要破坏它的美感。

古代的脱口秀表演还常常针砭时弊。五胡十六国时期，出现了以讽刺时政为主题的参军戏。

参军戏有点像今天的漫才，由两人配合，一个戏弄他人的角色叫苍鹘，一个被戏弄的角色叫参军。

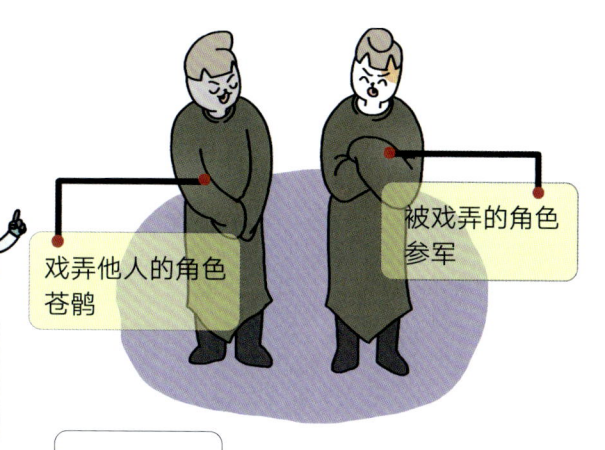

戏弄他人的角色苍鹘

被戏弄的角色参军

为什么叫参军戏？

我是石耽！

石耽

东汉时期的馆陶令石耽贪赃枉法，和帝不想将他免职，但每逢宴饮都会让俳优戏辱丑化他，以示惩罚。这种表演形式叫弄馆陶。

后来又有一个叫周延的参军任馆陶令，因贪污黄绢入狱。于是每逢宫廷朝会，俳优就会身披黄绢扮演周延，被当众戏弄。

唐代有个叫李仙鹤的俳优因饰演参军特别出色，被唐明皇授予了韶州同正参军职位。

最佳男演员

李仙鹤

古代的观众会给喜欢的俳优投票,谁演出时观众笑声大,就用小旗子给谁投一票。

小麦网

您预定的脱口秀表演将于今晚19:30开始。

有票了,机器人我们快回去吧。

古人养猫二三事

跟猫互动好难啊!

你不懂它,它当然不理你。

带你看看以前的人是怎么养猫的。

古人养猫前要看《象吉通书》挑个黄道吉日,这是用来看风水、择吉日的书。

今日宜养猫

需要准备些什么呢?

想带猫回家,要准备聘礼。

如果小猫有主人，就给原主人一些食盐。

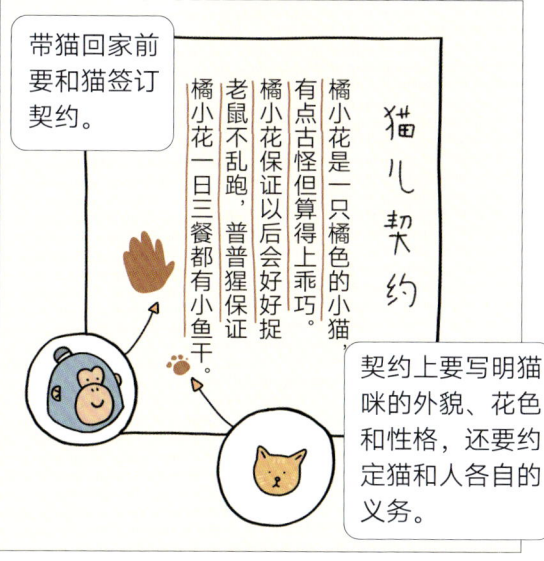

在古代食盐很珍贵，陆游就曾用一包盐换回一只小猫。

如果是流浪小猫，要给猫妈妈一些小鱼。

带猫回家前要和猫签订契约。

猫儿契约

橘小花是一只橘色的小猫，有点古怪但算得上乖巧。橘小花保证以后会好好捉老鼠不乱跑，普普猩保证橘小花一日三餐都有小鱼干。

契约上要写明猫咪的外貌、花色和性格，还要约定猫和人各自的义务。

为了让猫和家里的其他成员好好相处，把猫带回家后要立刻告诉家里的灶神和狗。

我带猫回来了，请你多多关照。

以后我们就是一家人，要好好相处。

先给你洗个澡吧。

今天不行。

为什么？

按照民间习俗，一般在六月六给猫洗澡。

而且要在太阳底下洗，以防止小猫生跳蚤。

它看起来很不舒服，是不是生病了？

可能是身上长虱子了。

别担心，可以用中药驱虫。
中药
桃叶
将桃叶与楝树根捣烂，放到热水里一起泡。
楝树根
樟脑
也可以用樟脑粉末擦拭。
果然有用。
橘小花，不要随地大小便啦！
得给它做个猫砂盆呢。

> 我们找一根有猫妈妈气味的棍子,插进门口的土堆里,猫咪就会固定在那里上厕所了。

猫妈妈

> 它学会了!好棒!

> 橘小花,你最近怎么这么调皮?

> 该给它做绝育了。

> 清朝咸丰年间黄汉编著的关于猫咪的著作《猫苑》记载:"公猫必阉杀其雄气,化刚为柔,日见肥善。"

> 什么意思?

> 古人发现,猫咪绝育后性情会更温顺。

呜呜呜橘小花，你受苦了。

要是在屋里做，以后猫咪就不想再进屋了。

书上还说，绝育手术要在屋外做，这样猫咪疼得逃跑的时候就会往屋里跑。

古人养猫好细致啊。

古人和宠物感情很深的。

慈禧太后曾在紫禁城和颐和园里分别养了十几只猫，给每只猫都起了名字，还派了几名宫女专职饲养。

慈禧太后会偶尔检查它们的肥瘦和健康状况,以此赏罚饲养猫的宫女。

太瘦了,罚!

太胖了,罚!

有宫女为了将猫养好,吃饭睡觉都和猫一起,就怕一不小心把猫给养坏了,受到责罚。

它是不是生病了?

有的宫女饲养的猫体貌不佳，担心自己受罚，甚至将自己负责的猫与别人的猫对调。

古人也热衷小猫文学。

明宣宗为了画好猫，从民间收集了上百只猫养在宫里，观察猫的体态、秉性，绘出《花下狸奴图轴》。

朋友圈

陆游
裹盐迎得小狸奴，尽护山房万卷书。

2分钟前

陆游

陆游
溪柴火软蛮毡暖，我与狸奴不出门。

1分钟前
♥ 韩元吉、杨万里

花下狸奴图轴
明宣宗　♥ 3.3w

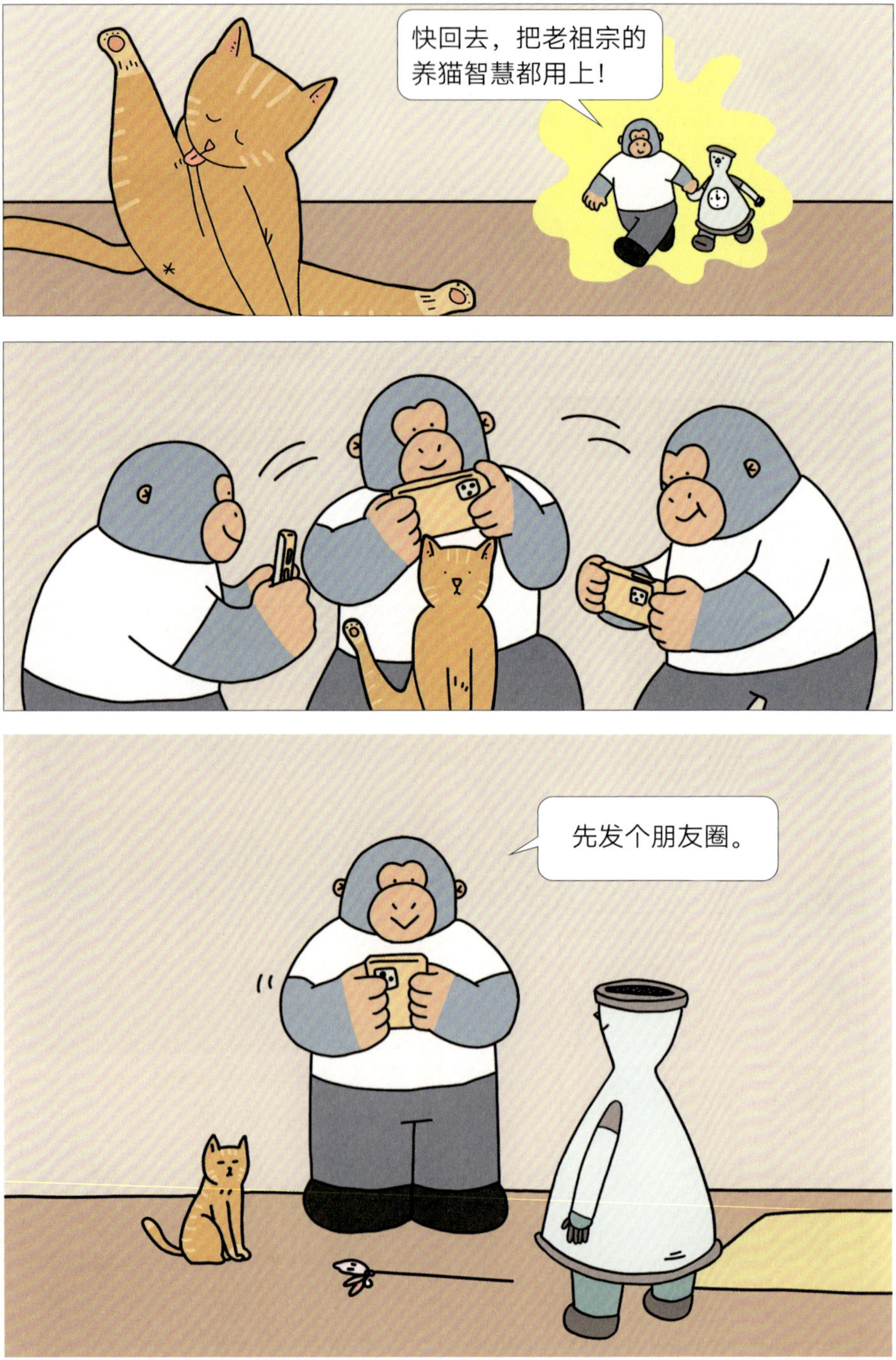
快回去，把老祖宗的养猫智慧都用上！
先发个朋友圈。

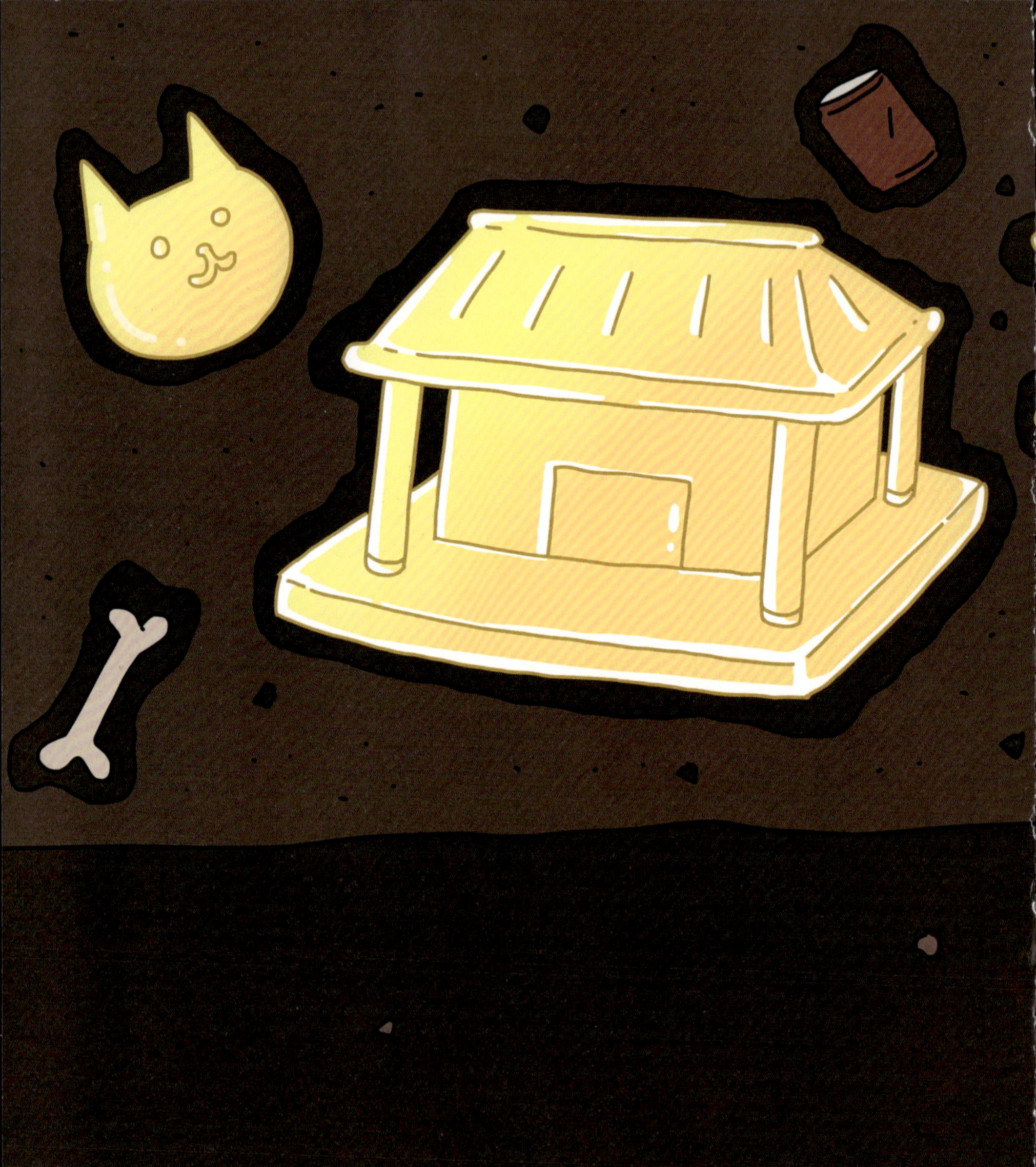

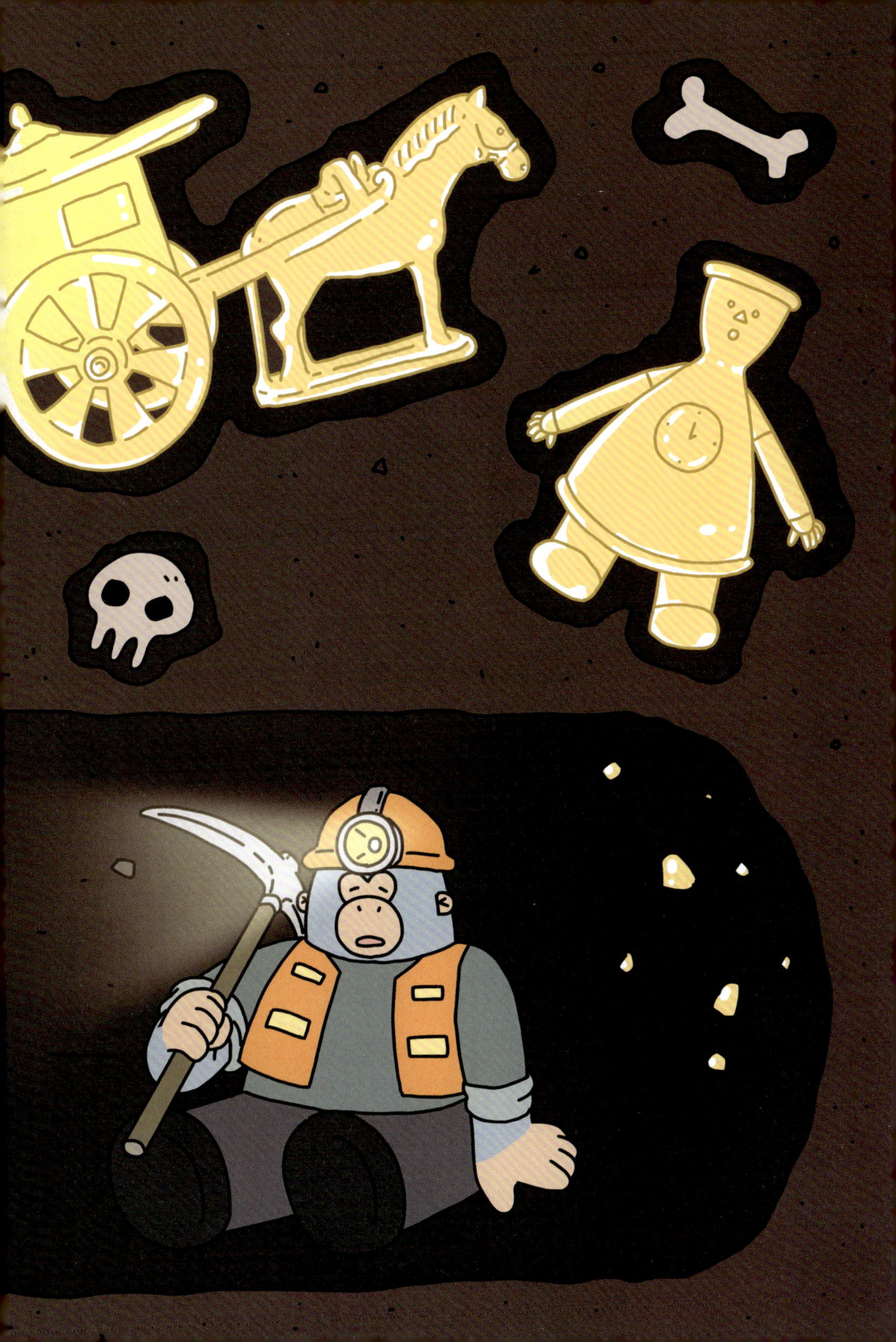

钱能止痛，是真的

好的老板!

气死我了 气死我了 气死我了

机器人,我不想打工了!

想想工资,你要交房租,要抢演唱会门票、脱口秀门票,要给猫买罐头……

好冷漠但又好有用的安慰……

钱能止痛,这是科学认证过的。中美科学家曾在著名心理学刊物《心理科学》上合作发表一篇论文并得出结论——

钱是一种很好的止痛药

实验一：画硬币

实验人员随机选择并告知一部分受试者，没有人愿意与他们合作完成实验任务，以此模拟受到社会性排斥的情况。

大家都不喜欢我。

我做错什么了吗？

然后，受试者被要求画硬币。

请画一枚一元硬币。

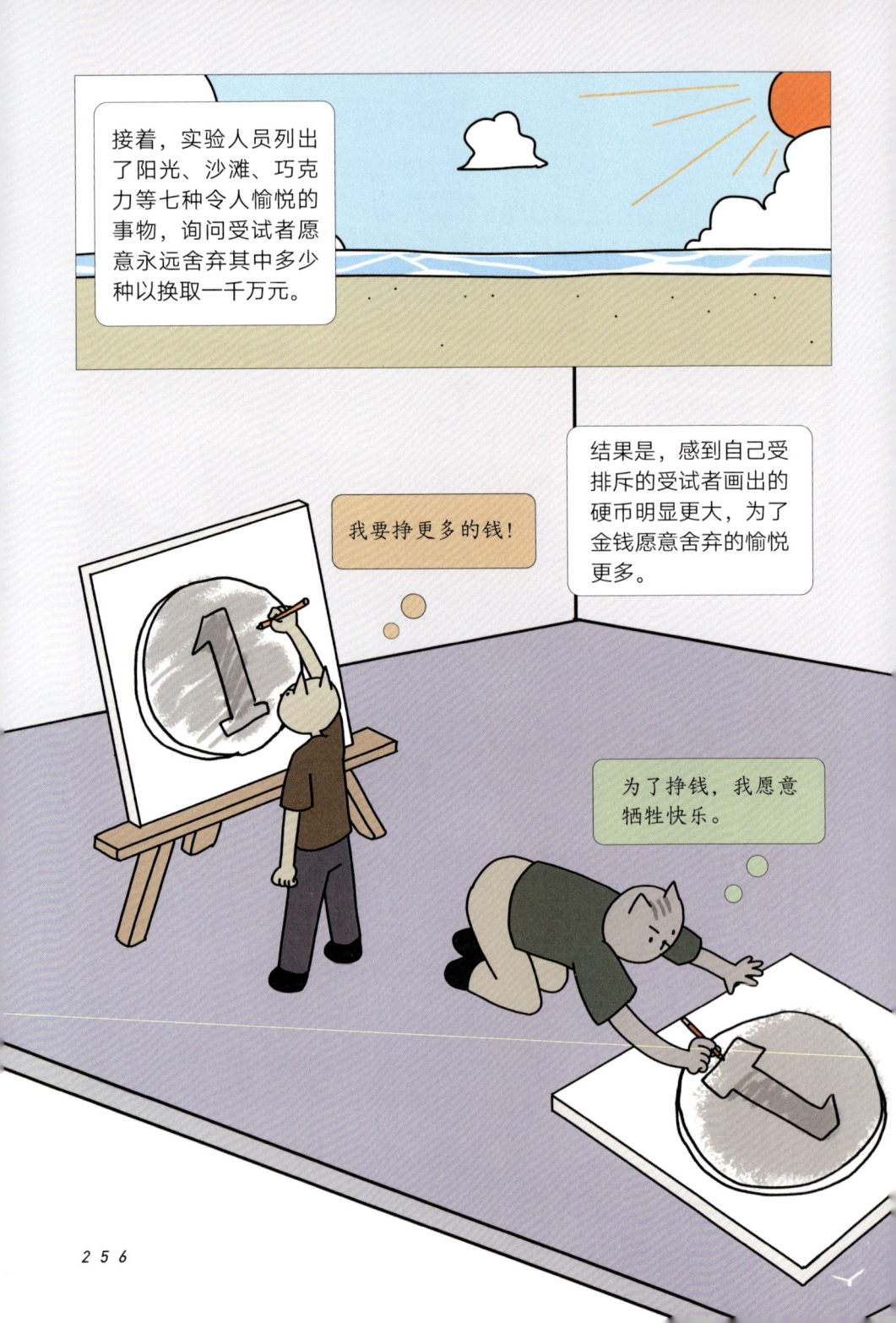

接着，实验人员列出了阳光、沙滩、巧克力等七种令人愉悦的事物，询问受试者愿意永远舍弃其中多少种以换取一千万元。

结果是，感到自己受排斥的受试者画出的硬币明显更大，为了金钱愿意舍弃的愉悦更多。

我要挣更多的钱！

为了挣钱，我愿意牺牲快乐。

真是好大一个硬币!

曾有人证明,画出更大的硬币,意味着对金钱的渴望越强烈。因此,科学家从以上实验推断出,人们倾向于用钱来缓解社交受挫的痛。

感觉好多了!

实验二:数钞票

受试者分为两组。一组人领到了八十张百元钞票。

另一组人领到的是八十张和百元钞票同样大的白纸。

两组人逐张数钱和纸。

数钱组

数纸组

数完后,受试者把手指放到五十摄氏度的热水里,报告手指的痛感。

结果是,数钱组的痛感明显比数纸组轻。

刚数过钱的手,好像变强了。

第一个实验证明钱给人心理安慰,这个实验则证明钱可以减轻生理疼痛。

[牌子:心理安慰 / 生理止痛]

这个有趣的实验也得到了英国广播公司(BBC)的关注。他们在伦敦重复该实验,但改为让受试者将手放在冰水里,测试忍耐时长。

盲猜数钱组比数纸组更能忍。

没错,数钱组的手在冰水里坚持了更长时间。

综合来看,数钱后不但感到的疼痛感更轻,对疼痛的耐受力也会更高。

实验三：算账法

受试者分为两组。

一组人回忆上个月的天气状况。

另一组人列出上个月的消费清单。

然后，做热水烫手实验，结果那些回忆消费清单的人感到更疼。

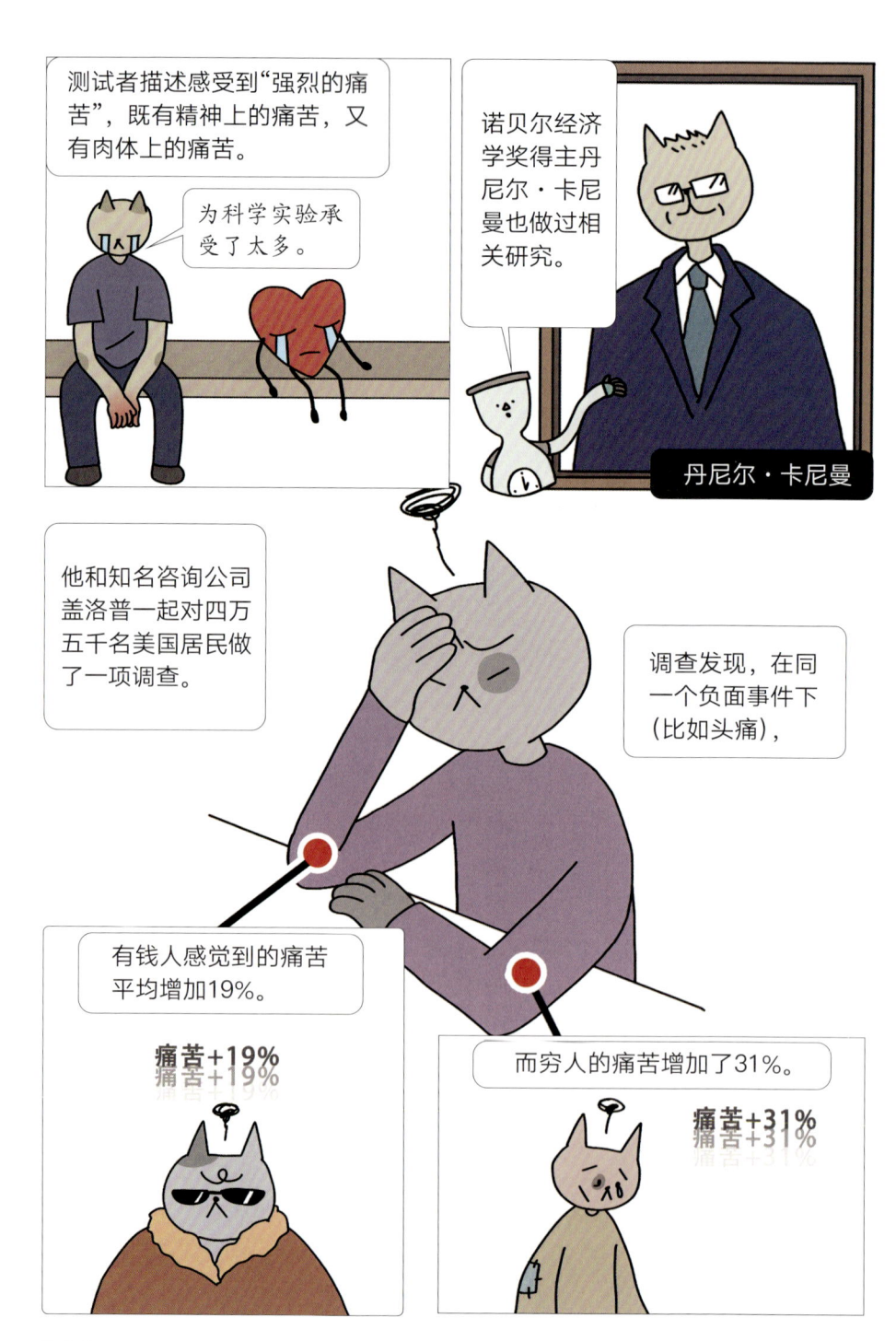

测试者描述感受到"强烈的痛苦",既有精神上的痛苦,又有肉体上的痛苦。

为科学实验承受了太多。

诺贝尔经济学奖得主丹尼尔·卡尼曼也做过相关研究。

丹尼尔·卡尼曼

他和知名咨询公司盖洛普一起对四万五千名美国居民做了一项调查。

调查发现,在同一个负面事件下(比如头痛),

有钱人感觉到的痛苦平均增加19%。

痛苦+19%

而穷人的痛苦增加了31%。

痛苦+31%

怪不得大家常说“想体会富婆的快乐”。
高收入会让其他不幸事件带来的痛苦减轻。
你说钱为什么有如此魔力？
研究者分析，钱会让它的所有者有一种舒适感、力量感。
也许同时还激发了内啡肽的分泌，这种激素会让人放松、快乐。
快乐因子 内啡肽
这些科学实验的意义是……有钱真好？
不要想歪！
“金钱减缓疼痛”的现实意义可以体现在法律层面，为通过经济补偿来缓解心理伤害和肉体痛苦提供依据。
¥

哇，好像不那么难受了！

这就是精神损失费吧！

研究者认为，在不久的将来，法律或许可以根据疼痛程度或者受伤引发的特定脑区的激活程度来决定精神赔偿的数额。

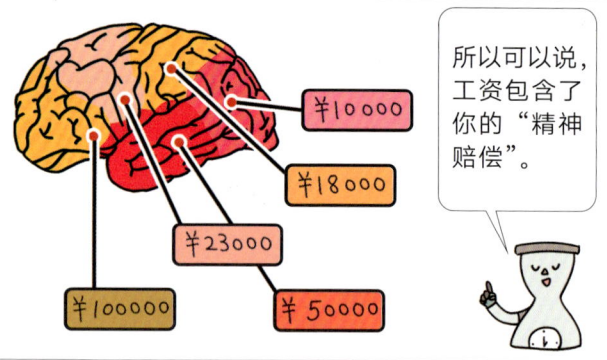

¥10000
¥18000
¥23000
¥100000
¥50000

所以可以说，工资包含了你的"精神赔偿"。

想想发工资的日子，打工就不那么痛苦了。

你直接给我打钱，见效更快！

图书在版编目（CIP）数据

古人教我如何保命 / 极简史著. -- 上海 ： 文汇出版社, 2024. 10. -- ISBN 978-7-5496-4335-6
Ⅰ．D691.9-49
中国国家版本馆CIP数据核字第2024T58E61号

古人教我如何保命

作　　者／	极简史
责任编辑／	何　璟
特邀编辑／	张馨予　孙文竹　吕宗蕾
营销编辑／	李琼琼　杨美德　陈歆怡
装帧设计／	尚燕平　李照祥
内文制作／	田小波　空罐麻瓜
出　　版／	**文匯**出版社
	上海市威海路755号
	（邮政编码200041）
发　　行／	新经典发行有限公司
电　　话／	010-68423599　邮　箱／ editor@readinglife.com
印刷装订／	北京奇良海德印刷股份有限公司
版　　次／	2024年10月第1版
印　　次／	2024年10月第1次印刷
开　　本／	880×1230　1/32
字　　数／	120千
印　　张／	8.5

ISBN 978-7-5496-4335-6
定　　价／　59.00元

敬启读者，如发现本书有印装质量问题，请与发行方联系。